易經與河圖洛書。

解讀易經的奧祕 卷十五

風靡中國十億人口
知名大師
曾仕強
教授◎著述

國家圖書館出版品預行編目(CIP)資料

解讀易經的奧祕. 卷15, 易經與河圖洛書 /
曾仕強 著述. 陳祈廷 編著. -- 初版.
-- 臺北市：曾仕強文化, 2015.03
面；　公分
ISBN 978-986-89499-8-0（平裝）
1.易經　2.研究考訂
121.17　　104002340

解讀易經的奧祕・卷15

易經與河圖洛書

作　　者　曾仕強
發 行 人　廖秀玲
編　　著　陳祈廷
總 編 輯　陳祈廷
發行企劃　李養信
行銷企劃　邱俊清
主　　編　林雅慧
編　　輯　李秉翰
出 版 者　曾仕強文化事業有限公司
地　　址　台北市中正區重慶南路一段57號8樓之14
服務專線　＋886-2-2361-1379　＋886-2-2312-0050
服務傳真　＋886-2-2375-2763
版　　次　2022年3月二刷
I S B N　978-986-89499-8-0
定　　價　新台幣550元

【作者簡介】

曾仕強 教授

英國萊斯特大學管理哲學博士、台灣交通大學教授、興國管理學院首任校長、台灣師範大學教授、人類自救協會創會理事長、新人類文明文教基金會榮譽董事長。

曾教授學貫古今，數十年來醉心於中華文化和西方現代管理哲學之研究，在國學、企管、哲學、教育等諸多領域上，皆有極高深的造詣。三十年前，世界五百強企業尚無中國企業能躋身其間，曾教授便已洞察趨勢，率先提倡「中國式管理」學說，被譽為「中國式管理之父」。迄今，曾教授已巡迴全球，完成逾五千場以上之演講，為臺灣生產力中心調查「最受企業界歡迎的十大講師」之一。

近年來，曾教授應大陸中央電視台邀請，至「百家講壇」欄目，主講「經營之神胡雪巖的啟示」、「易經與人生」等主題，收視率勇奪全國之冠；二〇〇九年主講「易經的奧祕」系列；二〇一一～二〇一二年主講「易經的智慧」、「點評三國演義」；二〇一二年主講「道德經的奧祕」、「道德經的玄妙」，內容風靡全中國，不僅掀起一股國學復興浪潮，更被評選為第一名的國學大師。

曾教授著作有：《易經的占卜功能》、《易經的乾坤大門》、《人人都不了了之》、《易經的中道思維》、《中國式管理》、《總裁魅力學》、《樂天知命的無憂人生》、《修己安人的領導魅力》、《為官之道》、《道德經的奧祕》……等數十本，其中《易經的奧祕》一書銷售量已突破五百萬冊，高居台灣與大陸各大書店文史哲類暢銷排行榜總冠軍。

前言——代序

現代人相當熱衷於經濟景氣的預測，把經濟繁榮成長的狀況稱為「景氣循環」，對於「景氣」或「不景氣」的趨勢至為關切，無論各行各業，都視之為規畫未來發展的重要指標。說起來，難免會有唯利是圖的感覺，卻也只好無奈地接受！殊不知，「景氣」也是一種「氣」，含有「變易」和「不易」兩大部分。因為宇宙萬物，一定是先有永久不變的正常規律，然後才產生可變的超常或反常變化。我們把超常的視為有利的變動，而反常的即為不利的現象，在趨勢線上，即成為正負變動。景氣的上升或下降，並非永遠朝固定的方向發展，而是物極必反，終歸要反轉回來。無論上升或下降，都會在中間出現一個轉捩點。我們把由升轉降的頂點稱為「高峰」，將由降轉升的低點叫做「谷底」。向上或向下的時間順序和持續時間，以及力道的強弱，幾乎每次都不太一樣。因為物體有三態：固態、液態、氣態，其中，「氣」代表沒有固定形狀和體積，可以自由流動的狀態。當物質從固態或液態轉成氣態時，就稱為「氣化」。大氣中的各種物理狀態和現象，諸如冷、熱、風、雲、雨、雪、霜、霧、雷電等，都是氣的變化，稱為「氣象」。後來更推而廣之，把人的精神氣度也概括在內，由呼吸的氣息，擴大到人的言行舉止。可以從一個人的「氣色」，看出他的「氣質」和「氣度」，甚至於研判出所謂的「氣數」。

《易經》對於「氣」的論說，就和「太極」一樣，只是一筆帶過。倘若「太極」是整體，「氣」便是整體的表現。絕對的整體藉由相對的陰、陽二氣互動來體現其功用。關於這點，應該只能用心體悟，不必多加討論，以免走入虛無，淪為空談。《易經》包含了「理、氣、象、數」，我們先討論了很多的「理、象、數」之後，才談到「氣」，這是因為有所顧慮。《莊子・知北遊》指出：「人之生也，氣之聚也。聚則為生，散則為死。」我們也常說：「人生不過是爭一口氣而已！」只要一口氣不來，命就保不住了。擴大來說，「全宇宙也不過是一氣而已！」古人認為，氣是由無而有，尚未成為形體的一種狀態。氣體並沒有一定形象，可大可小，若有若無。一切固體、液體都能夠化成氣體，而氣體也可以結成液體或固體，所以萬物就是一氣的變化，我們稱為「先天一炁」。

太極是陰陽未分時的混沌狀態，兩氣合一。但是合一的意思，是合而和，仍然有陰陽的分別。所以應該說二合為一，而且隨時可以一分為二。也就是我們常說的「一而二、二而一」，「亦一亦二」。古人觀察宇宙，看到天空的雲氣日月，雖然變化多端。然而歸納起來，只有陰陽二氣，相互推移，才造成宇宙萬象。自天空灑落的雨露、由日月散發的光芒，表示陽氣有向下的趨勢；從地面蒸發的蒸氣、由土中生長出的植物，表示陰氣也有向上的可能。倘若陽氣只向上，不向下，而陰氣只向下，並不向上，世界很可能就要毀滅了！所以陽轉陰、陰轉陽，相互交替變化，也就是二氣纏綿交密，互相會和，就成為生生不息的主要動力。咸卦（䷞）彖辭：「二氣感應以相與」，意思是凡動皆有感，有感必有應；所應又有所感，而有所感也就有所應，闡明了陰、陽二氣相互滲透、相互聯繫的功能。

這種陰陽二氣造化萬物的過程，有其「不易」的規律性，也有其「變易」的變化性。從物質或能量層面來看，人類和猿猴的DNA相差十分有限，這是屬於「不易」的部分；然而人類和猿猴，在實際表現方面卻相去甚遠，無論是數量、結構和關係，兩者都有很大的差距，即是「變易」所造成的現象。〈繫辭・下傳〉說：「乾坤，其易之門邪？」意思是天地提供時間、空間所構成的平台，使陰、陽二氣得以有序地、持續地做出合理的互動，造成六十二卦，表示六十二種可能出現的情境。上經三十卦，陽爻合計八十六，陰爻則有九十四。陰勝於陽，也就是陽少陰多，表示君子少而小人多，是宇宙的常態；下經三十四卦，陽爻合計一百零六，陰爻總共九十八。陽多陰少，表示人群社會，必須陽勝於陰，也就是君子多於小人，才能維持發展。

易氣由下生，自初爻至上爻。始於初、長於二、通於三、革於四、盛於五、終於上。陽氣始於一而終於九，所以說「陽無尾」，初、三、五爻以陽為當位。陰氣始於二而終於十，所以說「陰無首」，二、四、上爻以陰為當位。

我們常說的「消息」，實際上是從陰陽二氣的變動而來。陽生為息，陰死為消。當陰爻侵入純陽的乾卦（䷀），產生消剝陽氣的作用，陽爻消失，代之以陰爻，表示陰氣的盛長，所象徵的是向下衰落的情勢。反過來說，當陽爻侵入純陰的坤卦（䷁），表示陽氣的盛長，也就是向上興盛的象徵。消為坤虛，息是乾盛。二氣循環交替，便是興盛或衰落的因果現象。《易經》以「十二基本消息卦」，也稱為「十二辟卦」，來表示陽息陰消的變化，我們將會詳細加以解說。

「氣」是什麼？前已述及《莊子》所說：「人之生，氣之聚也；聚則為生，散則為死。」氣的聚積成為生命，氣的消散即是死亡，所以說整個天下，就是通於一氣罷了！莊子的妻子去世，惠施前去弔喪，卻看到莊子正敲著盆子唱歌。惠施認為太過分了，莊子卻說：當她剛死時，我怎能不哀傷？可是想起她原本是沒有生命的。不但沒有生命，而且沒有形體。不僅沒有形體，而且沒有氣息。在若有若無之間，變而成氣，又變而成形，再變而成生命。現在，只是由生變死，就好像四季循環一樣，為什麼要哭呢？

北宋張載直接指出：氣是宇宙萬物的根本，氣便是道。宇宙的一切都是氣，氣化的歷程即為道。〈說卦傳〉以離為目，意思是氣聚時眼睛看得見，稱為目明；氣不聚時眼睛看不見，但它仍然是氣。一般人所說的空無所有，實際上並非純然無有，不過是氣散而未聚，我們看不見而已。

朱子說：理為太極，陰陽二氣為太極所生，太極才是究竟的本根。宇宙之內，有理也有氣。氣所聚合而成的物，屬於形而下的器，理則是形而上的道。所以說：天下未有無理之氣，亦未有無氣之理。有這種的理，便是有這樣的氣，兩者分不開。但理是根本，氣是其次。宇宙在未有氣之先，就已經有理。理是永遠存在的，而有理便有氣，才能夠順著道理，流行發育萬物。人事現象，也是如此。先有其理，然後才有其事。在沒有任何事物之前，理就已經存在。有理便有氣，因而發生一切事物。我們可以這樣說：整個宇宙只是一氣，氣的變化，遵循著一定的自然秩序，那就是理。理是氣所表現的條理，所以說理在氣中，兩者合一，似乎更加接近「太極生兩儀」的觀點。一分為二，二合而為一。我們常說的「運氣」，其實是「五運六氣」的簡稱。「五運」是指「土、金、水、木、火」五行，分別配以「甲、乙、丙、丁、戊、己、庚、辛、壬、癸」十天干，可用來測定每年的歲運。而「六氣」則是「風、暑、濕、火、燥、寒」六種不同的氣候，分別配以「子、丑、寅、卯、辰、巳、午、未、申、酉、戌、亥」十二地支，用以說明每年當中四季氣候的變化。天干代表空間，地支表示時間，干支相合，便成為時空合一。干支有陰陽的分別，按照順序排列，奇數的為陽，偶數的為陰。五行配合天干，就稱為「五運」，主要有「大運」、「主運」、「客運」三種；六種氣候變化配合地支，便是「六氣」，主要有「主氣」和「客氣」兩種。中醫在這方面的運用，可以作為診斷及治療的參考。全年二十四個節氣，也是由此而推定。

與「氣」有關的論說，常見的有「志氣」、「靈氣」、「客氣」、「勇氣」、「生氣」、「正氣」、「邪氣」、「浩然之氣」等等。其中，「和氣」應該是最重要的。「和為貴」是主軸，「家和萬事興」則是大家一致的期望。理直還要氣和，和氣才能生財。我們打算從家人卦（䷤）說起，把《禮記》所說：「家齊而後國治，國治而後天下平」的道理，由氣的轉化，來說明家人相處時應有的觀念。

仍懇請各界先進，不吝指正為幸。

曾仕強　謹識於台灣師範大學

編者序

〈繫辭．上傳〉曰：「河出圖，洛出書，聖人則之。」這段話對應了「河圖洛書」的古老傳說。相傳伏羲氏治理天下時，在黃河支流圖河邊，目睹了背負圖點的祥獸「龍馬」。伏羲氏用心觀察後，領悟出圖點所顯示的，其實是一幅極完整的圖象，透露出十分重要的信息。伏羲氏依據河圖「天垂象」的啟示「一畫開天」，由太極生兩儀、兩儀生四象、四象生八卦，把整全的宇宙人生系統，用陰、陽兩個符號展示出來，開展出一套龐大的《易經》體系。

而洛書的出現，據說比河圖為晚。相傳古有神龜負書，出現於洛河。大禹在治水時，看到了洛書與河圖的差異性，於是從中體會出許多治國的大道理。洛書為「天垂象」，大禹是「聖人則之」，同樣也是天人合一的象徵。「河圖」代表天地自然的象，「洛書」則表示天地自然的理。「河洛文化」以河圖、洛書為根源，被西方學者視為「中華文化的基因密碼」，對炎黃子孫乃至於全世界，都具有十分重大的影響力。

「河洛文化」講求天人合一，從「天垂象」領悟出人生的大道，也就是向大自然學習，以大自然所警示的道理，來尋思人世間對應的法則。而「河洛文化」是以「家庭」為社會人群的基本構成單位，所以家人間的相處、彼此的關係、共同的責任……等，都顯得十分重要。「河洛文化」認為一個人成材與否，言行表現是否得體，這些都和家教、家風脫離不了關係。

本書中，曾教授藉由河圖洛書所發展出的「河洛文化」，引申說明「家和萬事興」、「家齊而後國治，國治而後天下平」的道理，並深入剖析「家人、睽、蹇、解」這四卦之間環環相扣的互動關係，勉勵大家正視家庭教化功能，在家人互動有所睽違、乖離之際，便立即設法加以化解。然後再把優良家風向外推展，恢復河洛文化的龍馬精神，進而達成齊家、治國、平天下的終極目標。

曾仕強文化總編輯　陳祈廷

目錄

《第一章》

河圖洛書
為什麼稀奇？

相傳黃河有龍馬負圖，
而洛水也有神龜負書。

「河圖洛書」因此而得名，
成為「河洛文化」的共同起源。

天降河圖洛書，聖人心領神會，
可見天人合一，構成了天人之學。

有人相信，有人則是十分懷疑，
符合易學「一陰一陽之謂道」的法則。

就算只是一種巧合，
至少也是非常稀奇、難得。

用河圖洛書來觀氣數、明天道，
仁者見仁，智者見智，可說饒富趣味。

一、龍馬負圖相傳出於黃河

《尚書・顧命篇》記載，周成王臨終時，把召公、畢公這幾位姬姓的宗親諸侯，以及重要官員們全部聚集在一起，以便交代後事。當時提及陳設的玉器，一共有五組。其中「河圖在東序」，說明有一件自然成紋的玉石，出自黃河，因此稱為「河圖」，擺放在東廂房。《禮記・禮運篇》也有：「天降膏露，地出醴(ㄌㄧˇ)泉，山出器車，河出馬圖」的說法。《論語・子罕篇》更直接記述孔子的感嘆：「鳳鳥不至，河不出圖，吾已矣夫！」但是自古以來，有好古的，便有疑古的，「龍馬負圖」之說，仍然引起很多的質疑，認為這是北宋初期，華山道士陳摶(ㄊㄨㄢˊ)為了將五行學說滲進易學，才編造出這樣的神話，實在不足以採信。

無獨有偶，不僅「河圖」從黃河中出現，還有「洛書」從洛水中呈現。兩者一先一後，大同小異，互為表裡，彼此相通。好古人士，把河圖、洛書說成大易的根；懷疑論者，當然更加排斥，認為文獻不足，難以採信。實際上，河圖、洛書的傳說，究竟是真是假？用不著我們費心，自然會有專家學者去承擔這些苦惱。對我們來說，河圖、洛書的內容如何？所描述的是不是合理？合不合乎自然規律？對大易所說的主要論點，能不能從中獲得有力的證明？這些反而更為重要。《論語・子張篇》引述子夏的話：「雖小道，必有可觀者焉。致遠恐泥，是以君子不為也。」即使河圖、洛書是小道，只要不過分專注，以致難以行通，我們便不應該完全接受經學者「執小術以毀河圖洛書」的態度，不妨抱持著「仁者見之謂之仁，智者見之謂之智」的心態，給予充分的包容和尊重。

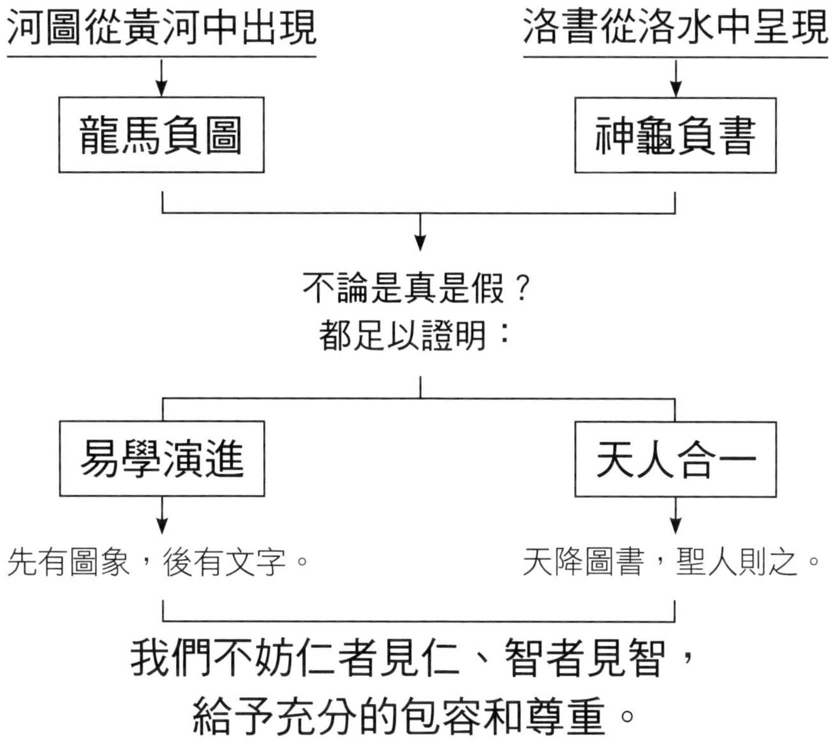
河圖從黃河中出現
洛書從洛水中呈現
龍馬負圖
神龜負書
不論是真是假？
都足以證明：
易學演進
天人合一
先有圖象，後有文字。
天降圖書，聖人則之。
我們不妨仁者見仁、智者見智，
給予充分的包容和尊重。

二・河圖洛書促成天人合一

〈繫辭・上傳〉說：「河出圖，洛出書，聖人則之。」黃河出現龍圖，洛水出現龜書，聖人看到了，便效法它的法則。相傳伏羲氏在河圖的啟發下，和大自然的景象互相印證，終於體會、領悟出：大自然千變萬化，卻擁有共同的本質，並且遵循著共通的規律。伏羲氏是人，藉由河圖的「天垂象」，徹底明白宇宙人生的奧祕之後，才一畫開天，由太極生兩儀、兩儀生四象、四象生八卦，把這個其大無外、其小無內的宇宙人生系統，用陰、陽兩個符號，十分簡易、方便、整齊、美麗、生動地展示出來。這種天人合一的舉措，使大易成為十分珍貴的天人之學，當然值得我們讚歎！

洛書的出現，比河圖略晚些。相傳古時有神龜負書，出現於洛河。大禹治水時，看到洛書與河圖的差異性，於是體會、領悟出很多治國的大道理。洛書為「天垂象」，大禹是「聖人則之」，同樣是天人合一的象徵。後人將河圖、洛書並稱，引伸出「河洛」和「圖書」兩個至為重要的名詞。

河洛文化以河圖、洛書為根源，西方學者認為這是中華文化的基因密碼，對中國，甚至於對全世界，都具有十分重要的影響。我們不能夠由於歷代不斷的渲染演繹，使河圖洛書幾乎變成荒誕怪談，便棄之於不顧。一九七七年，考古學家發現，在安徽出土的西漢汝陰侯太乙九宮式天盤，其圓周數字排列，與洛書完全一致。一九八七年，在安徽含山縣凌家灘遺址出土的玉龜和玉版，很可能就是遠古的洛書和八卦。這些出土文物，對於解開河圖、洛書之謎，應該具有極大助益，可說是十分珍貴。

河圖、洛書也分陰分陽

陰的一面

透過各種說法，
加以渲染演繹，
幾乎已經變成了
荒誕的神話怪談。

陽的一面

倘若從氣數著手，
加以分析研究，
避開真偽的爭論，
可以獲得珍貴的寶藏。

河洛文化以河圖洛書為根源，
成為中華文化的基因密碼。
我們當然不應該掉以輕心，
甚至於棄而不顧！

三、河圖是天地陰陽數合圖

河圖用一到十這十個天地陰陽數，組合成一個和合的數圖。依我們現代對於易學的瞭解，應該可以看出其中有很多含義，特別是在天文方面的資訊，可說是尤為豐富。

河圖由白點和黑點組成，白點代表陽，黑點表示陰。白點一共有五組，分別為「一、三、五、七、九」，都是奇數。天為陽，所以白點即為天數、陽數、奇數，加起來共二十有五，符合〈繫辭・上傳〉所說「天數二十有五」的說法。而黑點也有五組，分別為「二、四、六、八、十」，都是偶數。地為陰，所以黑點便是地數、陰數、偶數，加起來三十，稱為「地數三十」。天地之數五十有五，在這裡也獲得明確的印證。

自內而外，一共分成四層，最內層中間有五個白點，代表奇數五。第二層分成上下兩部份，各有五個黑點，加起來是十，代表地數十。第三層共有四組，從下向左順行，分別為一、三；二、四。一、三為白點，即天數、陽數、奇數；二、四為黑點，也就是地數、陰數、偶數。第四層為最外層，也有四組，分別為九、七、八、六。其中九、七是天數；八、六為地數，方向和第三層相反，採取由右向上向左的逆行方式，當然具有深刻的意義。

〈繫辭・上傳〉特別指出：「凡天地之數五十有五，此所以成變化而行鬼神也。」天和地的象徵數字，一共有五十五，這就是易學用數字象徵構成變化體系，並且奇妙地貫通鬼神的方法。我們將從「氣、數、象、理」四個取向來加以研討，應該很快就能明白箇中奧妙所在。

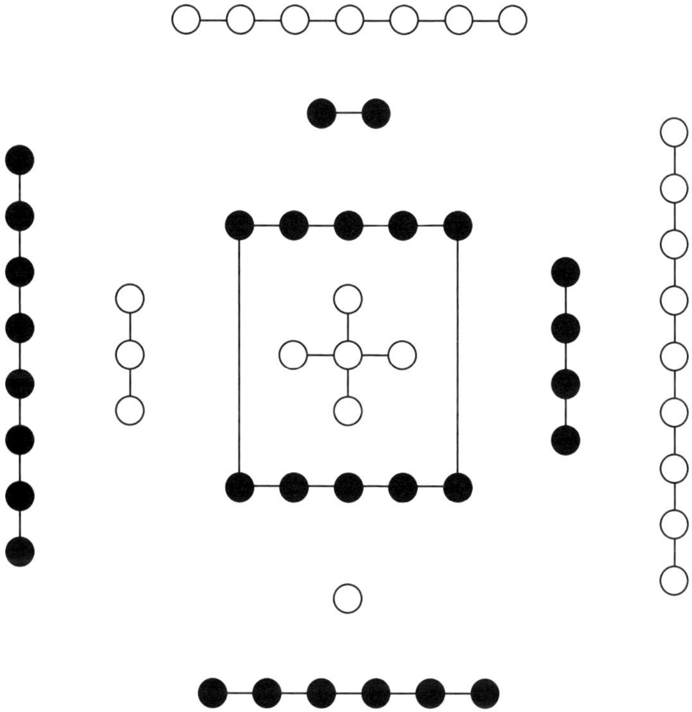

河圖的天數地數合圖

四。洛書象徵地的四正四隅

洛河出現的神龜，背上的書紋，一共有九組。有一首洛書歌訣，說得十分清楚：「戴九履一，左三右七，二四為肩，六八為足，五在中央。」意思是以五為中心，畫一條上下的垂直線，上面為龜的頭部，有如戴在上頭的數，為九。下面是雙足所履的數，為一。再畫一條與垂直線成九十度的橫線，左邊的數為三，而右邊的數則為七。這樣，一、三、九、七，成為四正，也就是東、南、西、北四方。頭（九）的兩邊為肩，分別為二、四，底（一）部雙足分開，左為八而右為六，象徵四隅角。於是，中央五與四正（一、三、九、七）和四隅（二、四、八、六）構成了九宮。

河圖自一至十，洛書從一到九，這是兩者最為明顯的不同。有人說河圖與洛書是體用關係，河圖為體，而洛書為用，因此推論洛書由河圖演變而來。也有人認為河圖與洛書都是一到十，不過河圖全顯，而洛書卻是十分巧妙地把十隱藏起來。甚至於有人指出河圖和洛書的關係，應該對調，也就是以河圖為洛書，把洛書稱為河圖才正確。

當然，研究天文學的人士，從天文的角度來分析河圖、洛書，也說得頭頭是道，十分有理。伏羲氏一畫開天，迄今已逾七、八千年，仍然禁得起時間的考驗，能夠包容一切，實在是神妙之至。無所不包，隨時都可以獲得印證。不論河圖、洛書從哪裡來？是真是假？我們只要把黑白點的象（圖文）和數（數目）加以研究，倘若能夠從中挖掘出若干寶貴的線索和啟示，對於易學的應用，應該就會有很大的助益。

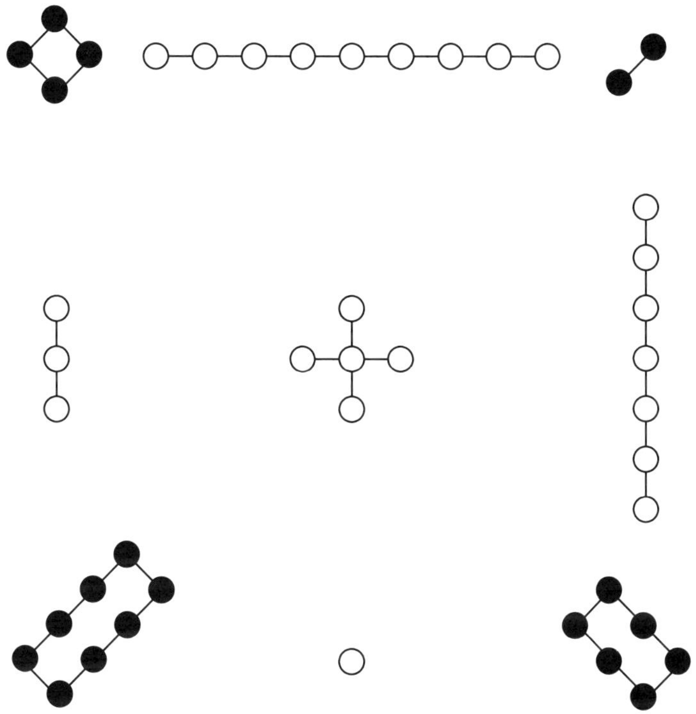

洛書象徵地的四正四隅

五、河圖洛書是大易的根源

〈繫辭・上傳〉記載：「天一、地二、天三、地四、天五、地六、天七、地八、天九、地十。」又說：「天數五，地數五，五位相得而各有合。天數二十有五，地數三十，凡天地之數五十有五。」這一段文字，經過河圖、洛書的演示，顯然能使我們更加明白其中的真義。天地之間，不過是一氣而已。分而為二，便成為陰陽。陽氣輕清而浮於上空，稱為「天」；陰氣重濁而沉於下界，稱為「地」。天尊地卑，指的是天在上而尊，地在下而卑，是一種「位」的相對關係。陽數奇，所以「一、三、五、七、九」都屬於天；陰數偶，因此「二、四、六、八、十」都屬於地。天數和地數各以其類而聚合：五個天數加在一起，便是二十五；五個地數的總和，則是三十；天地之數，表示天數和地數的和，當然是五十有五。

另外有一種說法：從一到五為數的始生，稱為「生數」，屬於陰；從六到十，則是由所有生數，各自加以五這個生數而成，稱為「成數」，屬於陽。一得五而成六，二得五而成七，三得五而成八，四得五而成九，五得五而成十。生數與成數，都是自然相配，所以說「相得而各有合」。由於生數在前，成數在後，我們只說「陰陽」，而不說「陽陰」，這也是一種理由。河圖將五個生數安排在內層，五個成數安排在外層，象徵「陰主內，陽主外」，和後來所倡導的「男主外、女主內」，也有關係。我們研究易學，若要追根究本，河圖、洛書應該是很好的根源，把它和易學的經傳合起來看，很容易發現「象、數、理、氣」，都在河圖、洛書之中，非常有趣。

河圖歌

天一生水，地六成之。
地二生火，天七成之。
天三生木，地八成之。
地四生金，天九成之。
天五生土，地十成之。

生數和成數陰陽相合

一六在北，二七居南。
三八居東，四九居西。
五十居中。

配以東南西北中的方位

六・五行是生命的基本動態

河圖歌指出：「一、三、五、七、九」為「天數」，「二、四、六、八、十」為「地數」。由於陰陽必須相合，所以分為「一六、二七、三八、四九、五十」，一共五個數聚，象徵「孤陰不生，獨陽不長」，必須一陰一陽，相生相長，才能生生不息。這五個數聚，分別居於「東、南、西、北、中」五個方位。有數有位，便是我們所熟悉的「數位」。陰陽互動，由於數位不同，產生五種不一樣的行動狀態，稱為「五行」。天一生水，地六成之：「水」代表潤下的動態，具有向下的性向。一六在北，表示水由天上降落下來，為地所承載，因此安排在地（北）的位置。地二生火，天七成之：「火」代表炎上的動態，具有向上的性向。二七居南，表示火不論在哪裡發生，總是向空中直冒，因此安排在天（南）的位置。天三生木，地八成之：「木」代表向四方伸展的動態，太陽從東方升起，對木的光合作用很有助益，所以把木安排在東的位置。相對地，「金」有凝集結晶的性能，代表向內收斂的動態，因此地四生金，天九成之，把金安排在西的位置。「土」代表平而不傾的動態，對水火木金都有助益，所以安排在正中央。在「一到十」這十個數之中，「五」正好介於生數和成數的中間位置，不論生成或體用，五都成為陰陽變化的中樞。五如果代表小成，十就是大成。合兩小成（五）即能集大成（十）。河圖中把十數分成兩個五，安排在中央五的上下方。洛書的五，也在中央。「五」在易卦的重要性，我們可以從河圖、洛書中獲得啟示。若有機會，還應該更深入地加以研討。

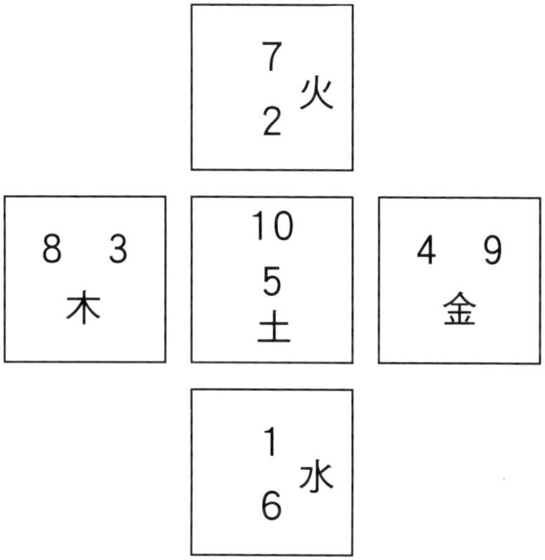

河圖的數

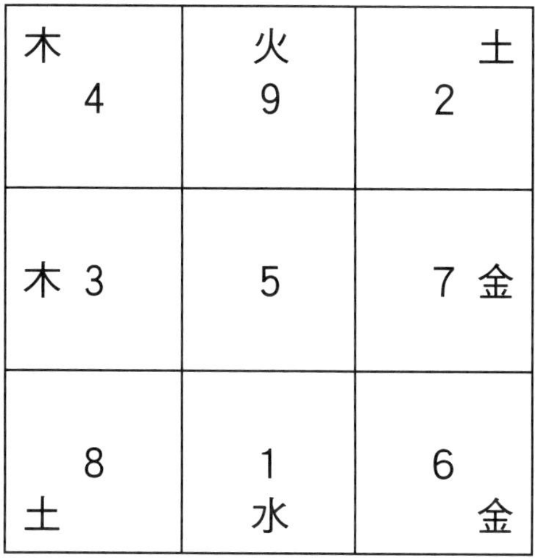

洛書的數

我們的建議

1 河洛文化的發展之所以根深蒂固，並不在於河圖、洛書的名，卻不能不承認得之於河洛圖書的實。以「五」居中，旺生四方，構成《中庸》所說的：「中也者，天下之大本也；和也者，天下之達道也。」中和思想，成為中華文化的核心。

2 河出圖、洛出書，都出於黃河、洛水。兩者的「五」，都是居中色黃，得中和之氣。坤卦（䷁）六五爻辭：「黃裳元吉」。〈文言〉所說：「黃中通理，正位居體，美在其中，而暢於四支，發於事業」，便是中和之氣的發揚，因而「美之至也」。

3 河圖由一至十，洛書從一到九，象徵同中有異。若將兩者互相比較研究，便很容易發現異中有同。所以求同存異，可說是中華文化大同思想、和平共存的堅實基礎。

4 洛書一至九，實際上與河圖一到十是一樣的。顯九藏十當然有其深層用意。最好能從「氣、數、象、理」加以研究，才能更進一步地瞭解箇中真諦。

5 大禹參照洛書的數，將當時的天下分成九州，並且把事物大分為九類，造化了《洪範九疇》。我們稱天子為「九五之尊」，把地下最深處稱為「九泉」，用「九牛一毛」譬喻極輕微，以「九霄雲外」形容極高遠處，應該都與此有關。

6 我們先分別探討河圖、洛書的氣數象理，然後再比較兩者的異同，就不難發現在易學當中有很多觀念，皆是源自於河圖洛書，實在是難得的探本活動。

《第二章》

河圖
的氣數象理為何？

河圖是我們認識自然律的工具，
探究它的氣數象理，可以獲得很多道理。

我們從河圖的奇偶數互動關係中，
能夠明白很多自然規律的變化。

陽中有陰，陰中有陽，陰陽不分離。
陽極成陰，陰極成陽，陰陽能互變。

天數二十五，地數三十，天地之數五十五。
我們能夠從河圖當中，將這些數據逐一加以印證。

五居中央，象徵不易的核心，必須穩固，
用來策應、協調四方，以產生千變萬化。

河圖合陰陽二氣，有五種運行方向。
二氣五行，更能夠看出九六的由來。

一、河圖是一到十的自然數

人類在沒有文字之前，就已經先出現圖象。透過圖象，可以把自己的所思所行呈現出來。所以，古代有書必有圖，詩、書、禮、樂、春秋，都有圖。《易經》的二體（陰陽）六爻，便是它的圖象。〈易傳〉全是文字，後人也陸續作了一些圖，目的在於佐書之不能盡。把文字所難以表達的部分，透過直觀形象的圖，來加以輔助說明。「河圖」代表天地自然的象，「洛書」表示天地自然的理。即使河圖洛書是後人編造出來的，至少也成為研究《易經》學者一種看圖識字的良好輔助，又有什麼不好呢？

把河圖的圖象，看成一到十的自然數，是十分自然的事情。因為在我們日常生活中，經常需要計數。看到一六居北在後、二七處南在前、三八居東在左、四九居西在右、五十居中，自然就會聯想起一到十的數。而且一和天連結在一起，二和地、三和火，也都具有十分密切的關聯性。

為什麼看到象會想起數呢？這是因為我們原本就心中有數。認為心中沒有數的人，看到象是想不起數的。所以河圖是不是真的代表一到十的自然數呢？我們尊重不同的見解，不便加以評論。而這種態度，實際上便是讀易的合理心態。

有了數的概念，我們自然會將「數」和「象」合在一起，稱為「象數」。說起來，就是所象徵的數，或者把數形象化，都無不可。把它說成「點畫成象，由象明數」，那就十分自然了。象數不可分離的認識，使人們從「象中有數，數中有象」中，充分感悟到自然規律的時空變化，演化出中華民族的「活數學」，這和西方相對機械性的數學，有著相當大的差異。

	火 七 二 南	
木 八 三 東	土 五 十 中	西 九 四 金
	水 一 六 北	

點畫成象，由象明數
一到十代表十個自然數

二、數有方位構成不同數位

中國在明代以前，所有河圖、洛書、八卦的方位，與地圖以及任何作圖，都和西方所採取的方位剛好相反。這是古聖先賢依據天體運行的軌迹，冬至一陽生，而生於北，因此以北為基準，天地定位，用坐北朝南做為中軸線，左東右西也隨著確定下來。

我們的天圓地方，並不是指物質的天地，因為我們早在春秋以前，就已經明白地球是圓的。天圓地方，主要是在表達「圓中容方」的意思。說明人居於天地之間，受到天無所不覆的周到照應，總應該自己尋找立足之地，以求生存發展。於是發現自己的頭是圓的，像天一樣，而雙腳是方的，警惕自己要找一塊地方，必須先求定向。人們仰望天空，發現夜間最為明亮的，莫過於北斗七星，因而把它當做天的中心，稱為「北辰」。《論語・為政篇》記載：「為政以德，譬如北辰，居其所而眾星共之。」便是定位明確，好比北斗七星的象數，能夠幫助我們快速地找尋到在地球上看似永遠不動的北極星。自古以來，便是船員和旅人夜晚辨識方向的依據。看到天上的北斗，就知道自己應該去的地方究竟是朝著什麼方向。把眼睛所看到的象，和內心所存在的數，合起來想，找到合乎自己需要的位置，這就是最為古老的數位概念。現代數位觀念相當普遍，人們卻把最為古老的數位概念遺忘掉了，豈不可惜！河圖的最頂端，有七顆白點，是不是象徵北斗七星呢？如果是的話，它應該在北方，為什麼我們卻常說「天南地北」呢？其實這就是「氣」的作用，使陰陽能夠交流、變易，由升降、順逆、生成，達成生生不息的良好效果。

龍馬負圖

三、象無順逆氣數有順有逆

〈繫辭・上傳〉說：「聖人設卦觀象，繫辭焉而明吉凶」，六十四卦各有不同卦象，各卦各爻，都撰繫文辭，藉以表明吉凶的徵兆。因為氣不可見，只能由身體感受，或者以外物為媒介，而見其形。形如顯明可見，便稱為象。所以〈繫辭・上傳〉指出：「在天成象，在地成形，變化見矣。」高懸於天空中的日月星辰，明顯有表象；處於地面上的山川動植礦物，只能呈現形體。事物的變化，從這些形象中，可以看出氣的運行和順序，綜合起來，便可推知許多道理。

河圖的數，從順序上看，由1而2，經過了3、4到5，是內環數；再由6而7，經過8、9到10，便成為外環數。但是從氣的運行，奇數的1、3、5、7、9，走的是順時鐘方向；而偶數的2、4、6、8、10，就不應該採取同樣的看法。因為1是陽數的開始，經由3、5、7到9，已經是陽極，也就是老陽。這時候陽極成陰，9這個老陽，旁邊配以陰4，成為陰數的開始。陰的特性是收縮，所以由4而2，然後經過10、8到6，成為老陰，也就是陰極。這樣，「天一生水，地六成之」，正好是陰極（地六）成陽（天一），和九、四的關係是一樣的。然而，偶數的4、2、10、8、6，運行的方向，剛好和奇數的1、3、5、7、9相反。偶數反時鐘，而奇數順時鐘，剛好陰逆而陽順，充分說明「陰極生陽，陽極成陰」的道理，警惕我們物極必反，凡事最好適可而止，此乃中道思維的依據，也能使我們更加明白逆數的作用，以及陽奇陰偶的配合。

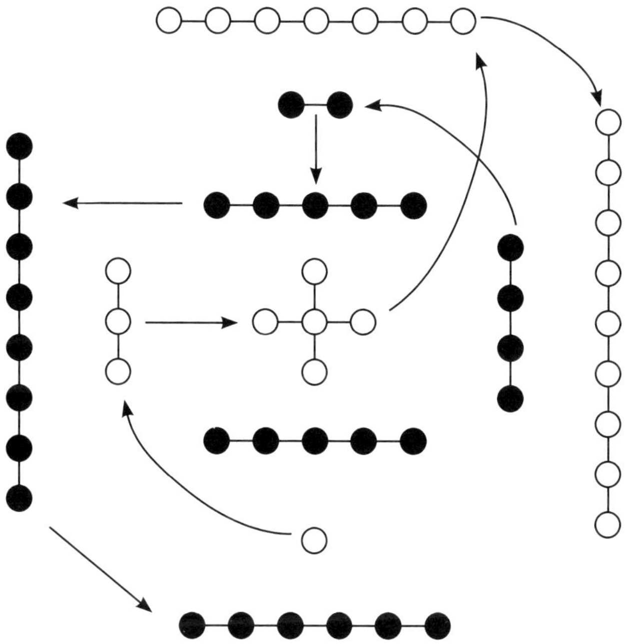

陰陽二氣的順逆（方向）

四・五數居中有其特殊功能

河圖五數居中，將十分成兩個五，分別出現於中五的上下。這上、中、下三個五，象徵三才之道：上五表示天道，下五代表地道，而中五則為人道。東、南、西、北四方，無論一、六；二、七；三、八；四、九，一生一成的奇偶數，其差均為五。一與六同宗，在北方；二與七同道，在南方；三與八為朋，在東方；四與九同友，在西方。

〈繫辭・上傳〉說：「天數五，地數五，五位相得而各有合。天數二十有五，地數三十，凡天地之數五十有五，此所以成變化而行鬼神也。」「天數」即陽數、奇數，為一、三、五、七、九，一共五個數字。「地數」便是陰數、偶數，為二、四、六、八、十，合起來也是五個數字。五個天數和五個地數，分別依「一陰一陽」的「一生一成」相配合，產生生化作用。天數一和地數六；地數二和天數七；天數三和地數八；地數四和天數九；天數五和地數十，兩兩相合而各有得。一為生數，六為成數，陰陽相交而生水。依此類推，二、七生火；三、八生木；四、九生金，而五、十生土。陰陽二氣互動，產生水、火、木、金、土五種行動方向，所以稱為「二氣五行」。「五行」以五為根，位於中央，動而能和，因此天地之道，即為「致中和」。一在北方，二居南方，三在東方，四居西方，而五立於中央，都是生數，為體。有體必有用，有生便有成。六在北，七在南，八在東，九在西，十在中，正好是成數與生數的密切配合。相合的一六、二七、三八、四九、五十，也都是以五為基數。

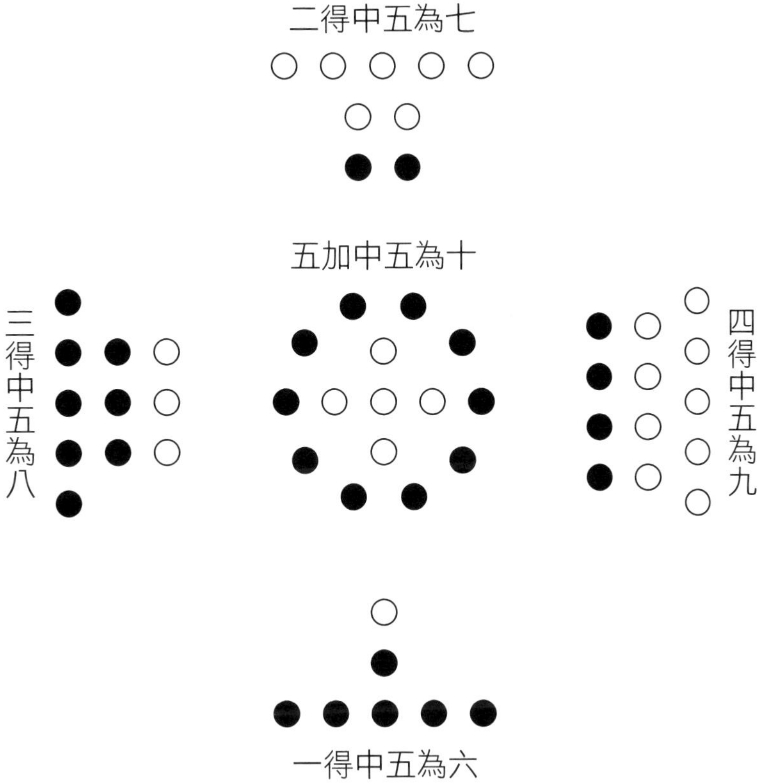

五數居中實際上則分佈四方，
為五行的根，中和之道的基礎。

五。生數有氣而且成數有質

我們常說人有氣質，用來表示學識修養表現在言行舉止和外貌上，所帶給他人的特殊感覺。河圖天一生水，象徵天上的一，不過是水氣，必須降落下來，獲得地六的凝聚和承載，才有水的質。天一具有生水的氣，地六具有成水的質。天一的陽氣和地六的陰質兩相配合，就完成了水的氣質，合乎「一陰一陽之謂道」。人的學識修養，是看不見的氣，表現在言行舉止方面，產生了看得見的外貌，即為這個人的特質。一陰一陽相合，構成了他人的感覺，各有不同，並且隨時都有可能會改變。

天一是生數，加上中央數五，便成為地六的成數。成數為一，倘若減去中央數五，即等於一。一生一成，一陰一陽，表示天地之氣互動、交易、氣化，這才完成了水的氣質。水的生成，必須同時獲得天地的氣與數，才能夠有所合，從而得其名又符其實。其餘的火、木、金、土，也都是如此。

河圖的主要精神，在於「合」。凡事合在一起想，不要分開來看，成為我們常用的思慮方式。在內環的數，都是生數，具有不可限量的生發力量，可以發生無窮的作用。河圖將成數附於生數之外，表示與生數兩不相離，事物才會有所成就。我們常說「保合太和」，便是從這裡出發引伸而成。一陰一陽相合，稱為「和」，分即為「中」。五居中央，為五行的根本，成為天地之心。歷來以五這個數字所提出的要則，可說是不勝枚舉，例如：五倫、五世、五經、五穀、五臟、五體、五官、五教、五福、五戒、五毒、五雷等等，可見「五」對炎黃子孫的影響，十分廣大而久遠。「五位相得而各有合」，果真十分神妙。

（質）七
（氣）二 火

（氣）三
（質）八 木

（質）十
（氣）五 土

（氣）四
（質）九 金

（氣）一
（質）六 水

五行有氣也有質，生而有成

六・五居中代表不易的體質

河圖中的五數，有看得見的，也有看不見的，啟示我們：一陰一陽，永遠不分離。看得見的陽五，安居中央，成為不易的核心；看不見的陰五，則是散居於東、南、西、北四方。六減一為五，七減二為五，八減三為五，九減四為五，十減五為五。這些變易的組合，都會有不易的中數，萬變不離其宗，有所變也有所不變，成為中華民族持經達變的根本主張。我們不應該盲目「求新求變」，而是必須把握「不可不變，不可亂變」的原則，不存心創新，但是隨時有創意，保證能創善，也就是在品質和效果都能兼顧的前提下，才可以開創新意。

〈繫辭・上傳〉所說：「天數二十有五，地數三十，凡天地之數五十有五，此所以成變化而行鬼神也。」河圖中的十個數字，奇數「一、三、五、七、九」加起來總共二十五，即天數；偶數「二、四、六、八、十」加在一起，便是地數三十。天數二十五加上地數三十，天地之數即為五十五，這是《易經》對於數位變化的巧妙運用，具有大自然運化規律的神奇功效。表示象、數、氣三者合理配合，就是道理的所在，即為天地之心。五是中數，居於天、人、地三才的中央位置。宇宙中有「能、我、物」三才，當中只有「我」具有智慧，能夠自主，又能創造，「能」和「物」反而是必然而且被動的。「我」即「吾」，上為「五」下為「口」，象徵掌握「五」的不易原則，來發佈命令，指導自己做正當的事，這才是人生的正道。人為萬物之靈，具備五常的品德，應該是先決條件。《易經》以道德為人類的最高信仰，五教都是在指引道德方向，這是人類所必須建立起的共識。

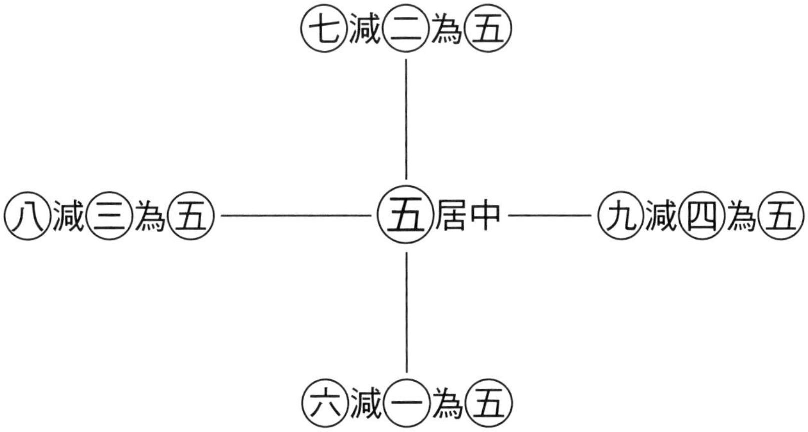

五行都以五為根，依土而生
中而不偏，動而能和，為天地之道。

我們的建議

1 對現代人來說，河圖、洛書的名，已經不是很重要。我們所重視的，是河圖、洛書的實。因為「中和」思想，自卦爻辭以及易傳作者，都奉之為中華文化的根本大道。可見用數五居中，以旺生四方（四季），其影響是非常巨大且久遠的。

2 「我」就是「吾」，「吾」與「五」的關係至為密切。重視五倫，合理運用五官，掌握五方資訊，協調五方需要，有所變有所不變，我的自主性和創造性，就可以獲得合乎中道的發揮。人類若能早日恢復萬物之靈的地位，宇宙萬物便皆能同受其惠。

3 西方學問重「分」，強調專業化，把學問弄得支離破碎，無法加以整合。而河圖則是有合有分，由於陰陽原本就不可分離，所以合中有分、分中有合，才能保合太和，分而不離。

4 生數（一、二、三、四、五）始於一，至五而復歸於中；成數（六、七、八、九、十）始於六，至十而復歸於中。建中而居，是循環不息之理，成為分合的核心。

5 初生的陽（一），含於盛陰（六）之內；初生的陰（四），藏於盛陽（九）之內。象徵陰陽互根，也是貞下起元的動力。循環不息的奧妙，盡在於此。

6 河圖是體，洛書為用。體用必須合一，彼此才能充分配合。我們在看到河圖的神妙之後，是不是也要趕緊來探索洛書的奧祕，以期求同存異，從中找出一些可貴的道理呢？

《第三章》

洛書
是否由河圖變來？

洛書與河圖，具有體用的關係，
河圖為體，洛書則是據以成就大用。

河圖合而未分，有如混沌狀態；
洛書以陽居正，以陰居隅，各有所分。

我們可以說洛書是由河圖演變而來，
其中一、三、五不易，其餘數字都變易。

兩者的氣，都是陽順陰逆的方向，
然而河圖象日，洛書象月，有所不同。

河圖主全，而洛書顯然主變。
河圖由一到十，洛書只到九為止，十不顯露。

用九藏十，便是「用仁藏智」的啟示，
反觀現代人主張知識即權力，實在有欠妥當。

一、河圖洛書具有體用關係

〈繫辭・上傳〉說：「河出圖，洛出書，聖人則之」，這裡的「河」即「黃河」，「洛」指「洛水」。相傳伏羲時有龍馬負圖出於黃河，稱為「龍圖」，夏禹治水時，有神龜負書出於洛水，稱為「龜書」。但是，從孔子這一句話來看，河圖、洛書並舉，應該是同一時期出現的。「聖人則之」，說的便是伏羲氏綜覽圖書，看出一合一分的奧妙，才有一體一用、一先天一後天的研判和領悟，因而一畫開天，把宇宙整全的系統從此定案。歷經了數千年的嚴苛考驗，至今仍然合乎時宜，人人可用，並且時時都在用。

河圖的要旨，在生數和成數各有所合，也就是一與六合、二與七合、三與八合、四與九合、五與十合。每一對生數與成數的數聚，其差數均為五。而奇數和偶數也合，那就是一與六合、三與八合、五與十合、七與二合、九與四合。每一對數聚，無不有奇有偶，各有所合。

但是洛書的象，卻恰好與河圖相反。不但生數與成數分開，也就是一、二、三、四、五、六、七、八、九各自獨立，並不聚合成為一對。而且奇數和偶數的位置，形成奇數居正而偶數處隅的情況，也與河圖不同，可說是以分為主。

伏羲當年，應該是圖書並列，比較分析，這才領悟出「一陰一陽之謂道」。同樣是黑白點，同樣是奇偶數，卻有正有反，各有功能。由此演出一分為二、二合為一的簡易系統。我們看到西方長期受困於「一元論」與「多元論」的爭議，才把它稱為「一之多元論」。「一」為體，「多」為用，一本萬殊，萬變不離其宗。明分合的機，察體用的微，當然能夠和合而無間。

河圖（為體）

生數與成數各有所合，
一與六合；
二與七合；
三與八合；
四與九合；
五與十合。
陰數與陽數，也各有所合。
一六、二七、三八、四九、五十，
都是一陰一陽，彼此相合。

洛書（為用）

生數與成數各有所分，
一、三、五居正位，
二、四居隅位；
七、九居正位，
六、八居隅位。
各數分居不同位置，
並不配合成對，
也沒有組成數聚。
與河圖不同，以分為主。

體用合一

二、河圖合而未分洛書已分

河圖表現先天的象，合而未分。為什麼叫先天？意思是天地混沌未開，有如人的喜、怒、哀、樂，尚未發洩，說不出是喜是怒，或者是哀是樂，只能稱之為「中」，也就是我們所說的「無極」。此時成數附於生數，影響所及，六十四卦都是由八卦所構成。六十四卦，無不附於八卦。

洛書以陽數（一、三、五、七、九）居正，而陰數（二、四、六、八）居隅。一居正北，三為正東，五居正中，七為正西，而九居正南，都是正位。二在西南角，四居東南角，六為西北角，而八居東北角，都在隅的位置。顯示天下萬物，都生於陽而成於陰，其生成相間，而各有合理的居處。奇數和偶數，同樣是相間而各居。於是陰陽的體，由於各有所用而有別。我們常說男女有別，原因即在此。

河圖的五組數聚，分別為一六、二七、三八、四九、五十，相加起來，分別為七、九、十一、十三、十五，都是奇數，代表先天流行的「氣」。洛書除了五以外，一與九、二與四、三與七、六與八，兩個數字相加起來，分別為十、六、十、十四，都是偶數，表示後天對待的「形」。

河圖陽（一）生於正北，長於正東，盛於正南，而極（九）於正西。陰（二）生於正南，長於正西，而極於正北，終於正東，主要在於「生長」。洛書陰陽相隔，奇正偶隅，主要在於「演化」。河圖示未發之中，為先天；洛書表已發之和，為後天。河圖蘊含，而洛書布散。合而未分謂之中，分而散之必求和。中和之道，必須從河圖洛書合而觀之。

洛書陽順陰逆，卻有所分。

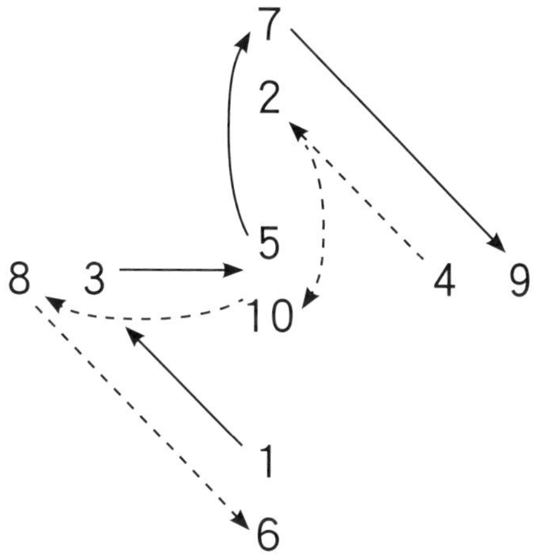

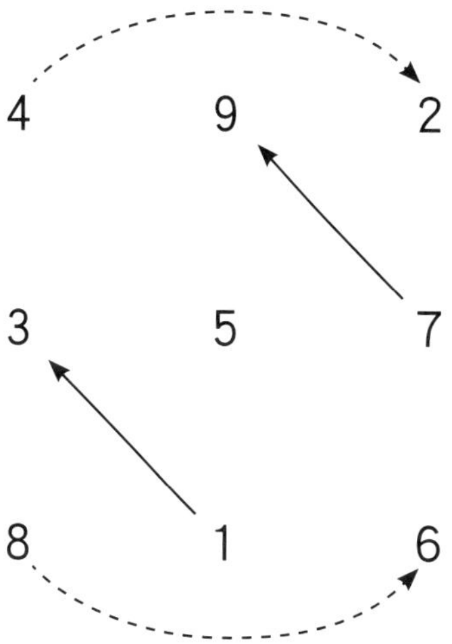

河圖陽順陰逆，連成一氣，
象徵合而未分。

二、洛書由河圖變化而形成

河圖為「體」，是不易的原則。以「一六、二七、三八、四九、五十」，表示「陰中有陽、陽中有陰」，為氣數的大體。洛書為「用」，是變易的法則。以「五」居中，掌握變中不易的原則，「一、三、七、九」居正，而「二、四、六、八」居隅，來進行交易，產生各種變易的現象，為氣數的變化。

「體」指一成不變的「經」，「用」為千變萬化的「權」。我們常說「持經達權」，即是有原則地應變，而不是毫無原則地亂變。而河圖的「體」與洛書的「用」，所呈現的變化大道，即為「持經達權」的最佳例證。

洛書的象與河圖一樣，都生於陰陽二氣，分別透過五種方向運行，也就是五行。本於天地之數，成於陰陽的互動與交易。其象、數、理、氣，大致上是相同的。但是河圖的數，重在五個數聚。洛書的數，則平列於九個方位。也可以說河圖以中央五為太極，東、南、西、北方的數聚，即為四象。而洛書在四方之外，還加上四隅，呈現八卦的象。河圖與洛書的數，一、三、五的位置完全一樣，表示不易的部分，其餘各數，則有所不同，象徵變易的部份。有所變，有所不變，在這裡已然充分顯現。

表面上看起來，河圖有十個數，洛書只有九個。實際上，由上至下的九、五、一；由左至右的三、五、七；兩條斜線的二、五、八；四、五、六，分別加起來都是十五，減去中央五，不就是十？可見河圖、洛書，都有十個數字，只是表現的方式不一樣而已。洛書為河圖之用，洛書由河圖變化而成，表示合中有分，而分中有合，十分神妙！

河圖 → 洛書

河圖	洛書
（南 7 2 火）	4 （南 9 火） 2
（東 8 3 木）（土 5 10 中）（金 4 9 西）	（東 3 木）（土 5 中）（金 7 西）
（北 1 6 水）	8 （北 1 水） 6
先天 體 以生數為主 主常	後天 用 以成數為主 主變

四・洛書的氣數有一些變化

洛書的九個數字，陽數「一、三、五、七、九」分居「北、東、中、南、西」四個正位。陰數「二、四、六、八」，則分居「西南、東南、西北、東北」四個角隅。「五」居中央，如如不動。「一、三、九、七」陽氣，採取順時針的方向；「二、四、八、六」陰氣，則採取逆時針方向。與河圖一樣，都是陽順陰逆，但是由一到三、由七到九；由四到二、由八到六，似乎也可以看出不一樣的變化。「三」表示日出於東；「九」應該是正午，日正當中，正南為陽的極位。陽極生陰，所以午是陽的極時；「七」為黃昏，夕陽由西落地，回到午夜的「一」。陽代表太陽，陰就代表月亮。月本無光，乃是借太陽的光而顯現。日落西山的時候，月亮逐漸呈現，由「二」至「四」，經「八」到「六」，剛好與太陽背道而馳。由西北隅到東北隅，表示月亮的光芒，從無到有，然後從有返無。如果用以解釋「西南得朋，東北喪朋」，是不是另有一番意境呢？

天圓地方，表示一陰一陽的數，陽數的象為圓，而陰數的象為方。河圖以生數為主，其下一白點，是「天一」的象；其上兩黑點，為「地二」的象；其左三白點，是「天三」的象；其右四黑點，為「地四」之象；中央五白點，為「天五」的象。這時候天地未分，「一、二、三、四」各居中央「五」之外，而「六、七、八、九」附於生數而成為數聚。到了洛書，「一、三、七、九」居正，而「二、四、六、八」居隅。正位為主，隅位為客，所以陽氣「一、三、七、九」為「天」為「圓」，而陰氣「二、四、六、八」為「地」為「方」，象徵所有的變化，應該有一定的規律。

土、水、草木為人生的根本要件

（五為中央數，立中主宰，中五不變。）

五土

（日出於東，陽數至三而顯著。）三木

一水

（一為陽數之始，數始於一，尚未顯明。）

五、河圖主全而洛書則主變

河圖主「全」，從一到十都有具體的位置。奇數五、偶數也是五。「天一生水，地六成之」，一即十中之一，六減五為一。「地二生火，天七成之」，二即十中之二，七減五為二。「天三生木，地八成之」，三即十中之三，八減五為三。「地四生金，天九成之」，四即十中之四，九減五為四。一、二、三、四佈於四方，連貫起來，把中央一個五、兩個五，也就是十中之五，包在中間。「天數二十有五」，成為陰陽的主宰。「地數三十」，表示順天而動，有主有從，一動就全部都動了！

洛書主「變」，我們把河圖和洛書合起來看，發現變中有不易的部分，那就是「一、三、五」這三個數字的位置不能改變；其餘「二、四、六、七、八、九」這六個數字則可以變。還有更明顯的，洛書的十，從明的位置變成暗藏。到處都有十的影子，卻看不到十這個數字。一、三、五為何不能變？用九藏十又有什麼重大意義？我們將於下一節加以說明。

河圖以五個生數（一、二、三、四、五）統領五個成數（六、七、八、九、十），並且「一六、二七、三八、四九、五十」分別同處於一個方位，形成數聚，主要在揭示大自然有其常則，人類不應該違背常道。洛書以五個奇數（一、三、五、七、九）統率四個偶數（二、四、六、八）而各居其所，主要在揭示陽以統陰的原則，應該成為萬變的規矩。奇數居四正位，偶數在四隅位，表示陰統於陽而地統於天。男女平權卻顯然有別。變起於一，終於九，難十全。因為尚未經過時間的考驗，無法做出合理的調整，大家最好能寬厚包容，共謀改善之道。

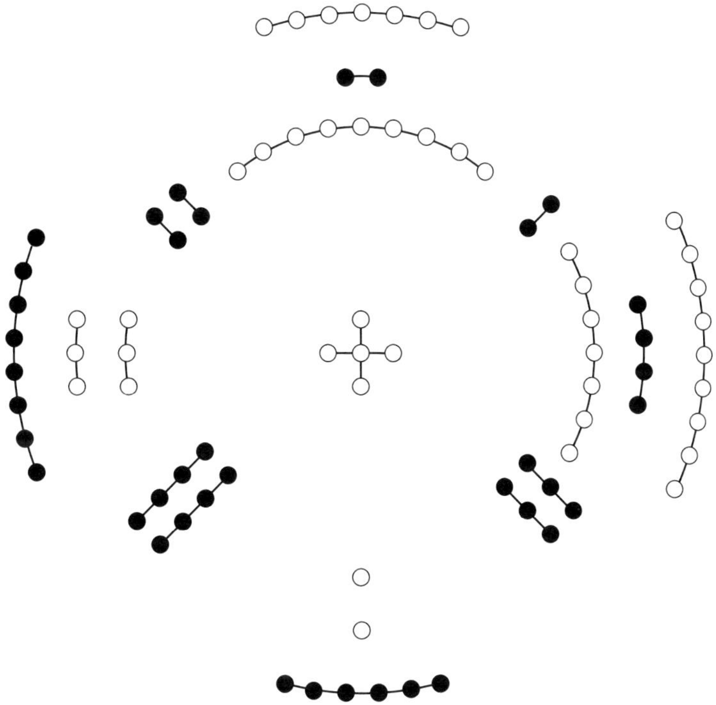

河圖洛書合一（體用合一）

六．用九藏十即為用仁藏智

洛書有十，只是藏而不露，提示大家：十全十美得來不易，不能急於獲得，最好耐心等待，用心調整，並且細心加以品味。河圖從任何角度來看，都有五的存在。中央為五，十為兩個五，一六、二七、三八、四九的差數也都是五。洛書當中，雖然看不見十這個數字，卻到處都有十的影子。一、五、九；三、五、七；四、五、六；二、五、八，各自加起來的總和，都是十五，減去共同擁有的五，豈不是全部都變成十？河圖中的數，只有一、三、五的位置不能變。因為一為水、三為木、五為土，都是人類生存的根本要素，不可缺少，更不應該忘本。而其餘數字，都可以隨機應變，做出合理的因應，以求制宜。五居中，所以「允執厥中」為正道。天地以五為中心，五行以土為根本，做人以五倫為守則。我們以中五為仁，外十為智，發現河圖的「中五外十」，到了洛書變成「顯五藏十」。所有變化，只用到九，便成為極致。把十藏起來，唯恐人類「用智忘仁」——有了知識卻沒有良心，徒然害人害己，知識愈多禍害愈大！

「顯諸仁」，象徵用五（憑良心）為不可缺少的條件；「藏諸用」，表示洛書的四正四隅都有十的影子，並非鼓勵去而不用，而是要能憑良心來運用智識。一個有良心的人，智識是愈豐富愈好，可以用來助益世人，服務人群社會。而沒有良心的人，智識愈多就愈可怕，一旦濫用智識，便可能危害社會人群，豈不是智識殺人嗎？用仁藏智，啟示大家凡事憑良心，時時立公心，然後可以運用智識來建功立德。智在仁中，自然可貴。

洛書見五不見十，
啟示大家顯仁藏智。

顯仁：

凡事憑良心，
時時立公心。
先把仁心表露出來，
大家自然互相信任，
因此能夠同心協力。

藏智：

強調智識即權力，
不免令人擔心害怕。
用智識欺凌他人，
信任感將逐漸瓦解，
影響力也隨之消失。

必須智在仁中，才顯得可貴而可行。

我們的建議

1 天垂象，具體代表莫過於河圖、洛書。河圖重「合」，洛書重「分」。但若無河圖的「合」，何以顯示洛書的「分」？反過來也是一樣，若無洛書的「分」，怎麼顯現河圖的「合」呢？伏羲氏同時看見河圖、洛書，獲得整全的啟示，豈不是好事一樁！

2 河圖為體，洛書為用。體用不可分，最好是把圖、書合起來看，連帶著推想。可見合中有分，才是合理的分；而分中有合，才不致分得無法復合，破壞了原本整全的系統。

3 「一、二、三、四、五、六、七、八、九、十」，不過是簡明的數字，但若是分別從「奇偶、陰陽、多寡、排列次序、內外組合」等方面加以觀察、分析、比較、領悟，便可以從中推知許多道理，可說是助益良多。

4 萬物的數，始於一而終於十。河圖共有十數，象徵先天適足，並無不及。而洛書到九為止，顯然在啟示我們：人事每有不足，所以大家必須繼續努力，持續求改善、求進步。

5 河圖相合，無論「一六、二七、三八、四九、五十」，兩數相加都是奇數；洛書相對，無論「一九、二八、三七、四六」，兩數相加都是偶數。表示：河圖為先天流行的「氣」，洛書則是後天對待的「形」。

6 河圖、洛書形成「河洛文化」，實為中華文化的瑰寶。對於《易經》的創造，具有非常深刻的影響力。既然如此，我們是不是應該把「河洛文化」與《易經》的關係，做出一番深入探討呢？

《第四章》

河洛文化
為什麼珍貴？

河洛文化重視龍馬精神，
以仁義禮信來服務人群社會。

龍馬負圖，是一種天垂象，
伏羲因此畫八卦，衍生出珍貴的河洛文化。

中華兒女個個都是「潛龍」，
修齊治平、持續向上提升，是重要的功課。

「自由平等」的精神人人都喜愛，
但必須維持合理，才值得我們推崇。

人活著，就要和禽獸拉開距離，
以「人」為本，善盡自己應盡的責任。

河洛文化特別重視家庭教育，
夫婦有別、父慈子孝，最能發揮家庭功能。

一．河洛文化謂之易經學問

「謂之」的意思，其實是我們常說的「就是」。河洛文化就是《易經》學問的表現，並不是離開大易，另外還有河洛文化。「河」指黃河，「洛」即洛水。「河出圖，洛出書」，「河圖洛書」便是河洛文化的根源。在河南洛陽西北，有一處名為「浮圖」的地方，有一座稱為「龍馬」的寺廟，相傳這是伏羲時代龍馬負圖的出處，梁武帝賜名為「龍馬寺」。在此之後，經歷了一段久遠的年代，這座龍馬寺幾乎全毀。直到明朝嘉靖四十二年，後人才在寺後的空地上，重新建立起一座「伏羲廟」。爾後每年春、秋兩季，當地都會舉辦祭祀儀式以資紀念。

龍馬負圖的那一段河流，就是現在孟津縣西北、黃河中漩渦倒流的地方。由於從三門峽東來，眾山鉗制著石頭河床，流水遇到阻擋，便十分急促地盤曲迴旋，直到流入平原，才又恢復原先的水流。古代稱黃河為「河」，長江為「江」，可見河圖乃是出於黃河。而孟津與古都洛陽緊鄰，又與洛水相望，具有得天獨厚的自然條件和地理位置，特別適合人類在此生息繁衍。龍馬負圖在這裡出現，即使具有神話色彩，也值得我們一探究竟。我們可以說：龍馬是背負圖點的怪獸，伏羲氏看見了，便沿河追踪、用心觀察，終於領悟出圖點所顯示的，就是一幅完整的圖象，透露出十分重要的信息。伏羲氏依據圖象的啟示，繪製出八卦，後人為了紀念他的功績，便將之命名為「伏羲八卦」。又因為其中所包含的象數原理，是在天地未分之前便已存在，所以又稱為「先天八卦」。由龍馬身上點、圈、線的記號，開展出了一套龐大的《易經》系統。為了紀念出處，才名之為「河洛文化」，其實這和《易經》是一致的，兩者並無差別。

河洛文化 ═══ 易經學問

河洛文化

河指黃河，
洛即洛水。
龍馬負圖為天垂象，
伏羲領悟出圖象的信息。
這種天人之學，
產生了河洛文化，
成為中華文化的根基，
持續擴大和延伸。

易經學問

伏羲依據河圖洛書，
一畫開天，
由八卦而六十四卦。
文王加上卦爻辭，
孔子集其大成，
使易學獲得充分發揚。
大易的學問，
正是河洛文化的開展。

二、河圖洛書發展龍馬精神

〈說卦傳〉指出「乾為馬」、「震為龍」，依據乾卦（䷀）六爻的爻辭，我們不難想像「乾」即為「馬」，但為何初九、九二、九五、上九的爻辭，都稱其為「龍」而不稱「馬」？是不是「龍」的本源出於「馬」呢？初九「潛龍勿用」，表示龍潛在馬身之中，還不能像龍那樣靈巧活躍。九二「見龍在田」，認為龍仍有馬身，頂多成為千里馬，有待「利見大人」的涵養。九五「飛龍在天」，這才顯露出龍的身影，令人難以捉摸。也可以這樣解釋：「乾」在地即為「馬」，在水、在天則化為「龍」。龍和馬代表乾道（也就是天道）的變化，符合乾卦彖（ㄊㄨㄢˋ）傳所說：「乾道變化，各正性命。」因此龍馬負圖，旨在垂示天道。我們喜歡說龍馬精神，用來譬喻精神旺盛，實際上是經由龍馬負圖的啟示，明白天地生化的道理，領悟「功名是天數，非強求可得」的天機，進而仿傚孔子所說「盡人事以聽天命」。其中的「盡人事」，並不是通常所說的凡事盡心盡力，而是要盡一己之力，來提高自己的道德修養。因為人生於天地之間，唯一能夠完全由自己掌握的捨此無他。河洛文化，應該以龍馬精神為主。而龍馬精神的要旨，即在培養「元、亨、利、貞」，也就是「仁、義、禮、信」的美德。抱持著「親民」，也就是為人民服務的心態。站在不同的立場，共同以「止於至善」，也就是尋求「此時、此地、最合理」的平衡點。換句話說，《大學》的三綱領「明明德、親民、止於至善」，即為龍馬精神的發揚。「自天子以至於庶人，壹是皆以修身為本」，共同為「修齊治平」而努力，把「天下為公、世界大同」當成自己的責任，這才是河洛文化的根本要求。

河圖洛書　啟發　**龍馬精神**

河圖洛書	龍馬精神
龍馬負圖， 非龍非馬， 也就是亦龍亦馬， 象徵龍的本源出於馬。 飛龍在天時， 才顯露出龍的身影。 神龍見首不見尾， 令人難以捉摸。	我們常說的龍馬精神， 主要在培養「元、亨、利、貞」四德， 也就是「仁、義、禮、信」， 而「智」則涵蓋於其中。 抱持親民的宗旨， 樂於為社會人群服務。 盡一己之力， 擔負起自己所應盡的責任。

三．人人都是潛龍不必自棄

在《易經》六十四卦、三百八十四爻當中，乾卦初九居於首位，稱為「天下第一爻」，實在當之無愧。簡單一個「潛」字，包含了多層次的意義。深藏不露，字面上看不出什麼玄機，然而卻被某些居心不良的人，把它解釋為：陰險狡詐，耍手段、搞權術，時時躲在暗處，有意隱藏自己的陰謀。實際上，易學的精神，始終不離「一陰一陽之謂道」。當我們說「潛」的時候，同時也有「現」的意思。因為「潛」和「現」是同時存在的。再怎麼潛，也只能潛一部份，明眼人依然看得出來。再怎麼潛，也潛不了多久，一旦時機成熟，當然要現。「潛龍」只不過居於「慎始」的考量，先瞭解所處時位和自己的身分，再適應一段時間，實際體會那種情境的真正狀態，做好「一現就能夠合理」（時中）的準備。可見「潛」，並非靜態的等待，而是動態的修治和調整。守時待命，「人人有機會，個個沒把握」，主要原則即在「毋自欺」。當聽到「Are you ready?」時，不應該太快就回答「Yes!」而是要用心聽明白，這是在問：「你心中有數嗎？」而不僅僅是：「你準備好了嗎？」龍馬精神，表示人人都是潛龍，個個都可以成堯舜。大家都有佛緣，每一個人都能夠成佛。然而，上天只提供我們機會，至於成功與否，仍有待各自的努力。我們最好解釋為從修身著手，逐步向齊家、治國、平天下提升。在過程中，不能由於外界環境的變遷，而向現實低頭。也不能為達目的不擇手段，以致變節失道。為了追求正道而避開世俗名利，卻不會因此感到委屈或悶悶不樂，這才是真正的君子啊！

中華兒女人人都是潛龍

人人有機會

堯何？人也。
舜何？人也。
人人都可以成堯舜。
大家都有佛緣，
人人都可以成佛。
就機會來說，
人人都是龍種，
個個都有機會成龍。

個個沒把握

時也，命也。
時勢不對，
難以造英雄。
命運不濟，
再努力也沒有用。
只好守時待命，
把握時間，
好好修治自己。

四・自由平等都應該求合理

河洛文化講求天人合一，意思是從「天垂象」來領悟人生的大道。也就是向大自然學習，以大自然所警示的道理，來尋思人世間的法則。我們放眼天下，無論動、植、礦物、山川星辰，乍看之下都很自由，但仔細探究後，便會知道其實都受到了一定的限制。同理，人有自由，卻也僅限於合理的自由。

平等也是一樣。玫瑰和牡丹各有特色，但並不能說是平等；松樹和梧桐都是樹木，卻也無所謂平等。佛家說「眾生平等」，是指人人都有機會成佛，在這方面平等。出家人和在家居士，談什麼平等？方丈後面跟隨眾多僧尼，這才合理。

自由、平等，是大家所喜歡的。而人性的尊嚴，則在於自主。「毋自欺」的深層意義，便是不要欺騙自己處處自由、人人平等，反過來，應該時時警惕：「世間只有合理的自由和平等，所以我們必須自律，謹守共同規範，約束自己的言行，才能有效地維護自己的自主性，確保自己的尊嚴」。

河圖、洛書，都是由一群數聚組成，其中一、三、五不能改變位置，其他數聚才有變動的可能，這就啟示我們：遵守規律，才能獲得適當的自由；自己守分，才能享有合理的平等。

自由可貴，平等可愛，但是現代人只從字面上來看，似乎只看到「自由」與「平等」，卻嚴重忽略了「合理與否」的限制。乾卦九二爻辭：「見龍在田，利見大人。」即在提醒大家：當我們表現得活像有自由、有平等的君子時，更應該隨時防止邪惡的衝動，以免害得別人不自由、不平等，使自己喪失了大人的風範，也得不到大人的賞識，那才真是得不償失！

自由平等人人都愛

放眼大自然，
所有的自由都受到相當的限制，
所有的平等實際上都有差等。
用自由、平等當做口號，
長期以來已經害了很多人。
特別是少而無知、老而愈愚者，
更容易被利用，也常令人痛心。

保持合理才能適宜

人是大自然的一分子，
不可能完全自由、平等。
我們所能夠享受的，
不過是合理的自由，
以及合理的不平等。
可惜現代人受西方思潮的影響，
竟然盲目追求不存在的自由平等。

五．以人為本善盡應負責任

古人把「我」稱為「吾」，應該和「五」這個數字有關。河圖、洛書以「五」居「中」，河洛文化中，有：五行、五教、五常、五族、五經、五福、五湖、五嶽、五官、五形、五氣、五臟、五倫……似乎都由此延伸而得。〈繫辭·上傳〉所說：「天數五，地數五，五位相得而各有合。」天數「五」指「一、三、五、七、九」這五個奇數；「地數五」就是「二、四、六、八、十」這五個偶數。為什麼「五位相得而各有合」呢？因為「天一與地六、地二與天七、天三與地八、地四與天九、天五與地十」，剛好一陰一陽，分別合成五個數聚。接著說：「天數二十有五，地數三十，凡天地之數五十有五，此所以成變化而行鬼神也。」天數「一、三、五、七、九」的總和為二十五，地數「二、四、六、八、十」相加即為三十。天數加上地數，總和為五十五，代表《易經》透過數字象徵構成變化的體系，以及貫通鬼神的奧妙方法。河圖總數為五十五，代表天地的全數。洛書總數是四十五，原因是河圖原來陽少陰多，變為洛書的陰少陽多。我們最好秉持「損有餘而補不足」的法則，透過一減一加、一進一退、截長補短，以求圓滿無缺。宇宙以人為本，便是要我們擔負起這種「以中道達成生生不息」的神聖責任。易學重視「贊天地之化育」，即在提醒我們：人類必須善盡應有的責任，才對得起自己。

河洛文化告訴我們，人必須與禽獸拉開距離，不能整天嘻嘻哈哈混日子，而是要確立方向，好好完成自己應盡的責任，那就是以倫理道德來改造世界，使其更真、更善、更美。

河洛文化以人為本

人造神， 而不主張神造人。 自力更生， 並不相信他力。 自作自受， 才是人生定律。	人為萬物之靈， 負有贊天地化育責任。 人人確立正當方向， 採取正常方式， 走正道， 以倫理道德來改造世界。	有所變有所不變， 生活原則不可變， 生活方式可以變。 有原則地應變， 應盡的責任不能變。 人人依此自律。

時時提高警覺、善盡責任，才是河洛文化的核心價值。

六．河洛文化特重家庭教育

《易經》以乾坤為父母，視其餘六卦（坎、離、震、巽、艮、兌）為子女，象徵一家八口，成為構成人類社會的最小單位。河洛文化認為一個人不成材，表現的言行不正常，主要原因即在家教不好。我們認為母親的偉大，在於培養特殊的子女成為國士。當國家急切需要或面臨重大危難時，能夠挺身而出，扮演忠臣義士的角色。做母親的，首先要瞭解自己子女的天生資質與性向，能否接受特殊訓練？如有可能，也要與做父親的慎重研究。如果認為子女確實具有這樣的條件，便可以逐漸展開道德、氣節、品格、人生哲學、祖國觀念、愛國情操等各方面的教導與啟發。然後在政治、經濟、軍事、組織、領導等方面加強訓教。國士並不是現代所說的專家或學者，也不是任何才藝的明星。國士可以不具備專門知識或技術，卻必須要有高瞻遠矚的思想，具備斥退萬惡邪魔的威儀。現代母親，能像古代孟母、岳母那樣，為國家培育國士的恐怕很少，倒是十分熱衷於拉小提琴、彈鋼琴、打網球、跳芭蕾舞等才藝的培養，實在不可同日而語。幾乎所有家庭，都以接受高等教育為目標，重視子女的學業成績，卻不注意子女的品德修養和生活能力。河洛文化，至少在這一方面已經變得有名無實，亟待恢復。

過去河洛文化重視家庭教育，促成社會階層安全移動的良好效果，產生「將相本無種」、「英雄不怕出身低」的思想。往往二、三十年，低階層家庭就能上升到中階層或高階層家庭。富家即富國，家教重於學校和社會教育。家和萬事興，基礎即在於正常的家庭教育，千萬不可輕忽。

河洛文化　特重　**家庭教育**

乾坤為父母，
坎離震巽ㄒㄩㄣˋ艮ㄍㄣˋ兌ㄉㄨㄟˋ為子女。
一家八口，
成為社會人群
最基本的構成單位。
沒有個人主義色彩，
也不崇拜英雄，
凡事以和為貴。

家庭教育，
是人格正常發展的基礎。
每一個人的修身，
都應該站在齊家的立場，
修成齊家所需要的個人。
如有特殊條件的子女，
要培養成為國士，
在必要時為國家挺身而出。

我們的建議

1 河洛文化以《易經》為基礎，從黃河、洛水一帶自然孕育而成，並逐漸向外擴展。由於必須適應不同地域的特性，因而持經達變，產生大同小異的變化。彼此間求同存異，充分給予包容和尊重，因而演化出一套至大無外的《易經》系統。

2 龍馬精神，造就能屈能伸的民族性；守時待命，各有不同的因應方式。一之多元的思路，使我們明白「自天子以至於庶民，壹是皆以修身為本」。「天下為公，世界大同」，不但是我們共同的目標，更是我們共同的神聖責任。

3 修齊治平，一路向上提升，做到哪裡就到哪裡，不自棄也不勉強，但求問心無愧——這是河洛文化所衍生的自主、自律、自在人生。人人自作自受，既不必怨天，也不必尤人。

4 凡事應當力求合理，因為合法只不過是基本條件，不能只求合法卻不憑良心，這是河洛文化始終要求我們「合理、合法」的根本原因。自由、平等、人權、自主、信仰，無一事不要求合理。

5 要善盡應負的責任，就必須重視家庭教育。生兒子不教，害自己全家；生女兒不教，害別人全家。為國培育國士，是母親最大的榮譽。子女發揚家風，則是必要的責任。

6 河洛文化以家庭為社會人群的基本構成單位，所以家人的相處、彼此的關係、共同的責任，這些都十分重要。接下來，我們要看看家人卦（䷤）的啟示，以及家人卦有哪些要旨？

《第五章》

家人卦六爻
說些什麼？

家人是卦名，就是「一家人」的意思，
治家必須「女正」，主婦貞正是首要條件。

一開始就要預防後悔，以慎始為要。
男子成家，必須先安頓好家庭後，才能外出打拚。

婦女主持家務，和外出工作同等重要，
「相夫教子」這句話，絲毫沒有輕視婦女的意思。

治家之道，寧可稍為嚴厲一些，
絕對不可以鬆弛放縱，以免造成無法收拾的惡果。

家人能夠各安其位，自然富家。
父親嚴厲，也需要母親的慈愛做為調和。

九三和上九，分別加以合理節制，
如此一來，家風才能良好，而且長久保持。

一・有家之始便要預防後悔

家人卦（䷤）是下經第七卦，前為明夷（䷣），後有睽（ㄎㄨㄟˊ）卦（䷥），也就是家人的綜卦。〈序卦傳〉說：「夷者，傷也；傷於外者必反其家，故受之以家人。家道窮必乖，故受之以睽（ㄎㄨㄟˊ）。」一個人在外面受到傷害，必然返回家中尋求安慰，因為家庭是最為溫暖的地方，所以接著就是家人卦。而家人之道走向窮極，必定會產生互相乖背的事情，因此接著是睽（ㄎㄨㄟˊ）卦。

卦辭說：「家人，利女貞。」「家人」是卦名，就是一家的人。從家道的根本來說，治家必須女正，只要主婦貞正，家道便無有不正。齊家必須從夫婦各自善盡責任著手，所以說「利女貞」。主婦固守貞正之道，是正家的首要條件。

初九爻辭：「閑有家，悔亡。」小象說：「閑有家，志未變也。」「閑」是用法度來防止，也就是防範的意思。初九以陽剛處於「有家」的始位，為了長保幸福，避免發生事故，就必須設法防範於未然，使男女有別，長幼有序。及早重視家庭倫理，嚴防邪僻的產生。譬如婚禮有一定儀式，用意即在防範離異；家用有預算，才能防止窮困；生活有規律，以防止放蕩。由於家人朝夕相處，容易產生糾紛，必須父父、子子、兄兄、弟弟、夫夫、婦婦各得其正，預先消弭一切可能的亂源，使悔恨無從發生。初九爻變，即成為漸卦（䷴），上巽（ㄒㄩㄣˋ）為木，下艮（ㄍㄣˋ）為門闕，象徵門內有木器，可預防盜賊。「心未變」指初九居離明之初，得其正道。與六四相應，表示男兒志在四方，並未改變，只因成家之始，不能立即外出。仿傚「潛龍勿用」，先把家安好，自然不致有所悔憾。

家人 37 ䷤

初九，閑有家，悔亡。

「閑」即防範。家有家法，用法度來防止不正常言行，是一家人相處時所必須共同遵守的法則。初九當位，與六四相應，象徵男兒志在四方，不必長期困守在家裡。但是成家之始，應該先把家安好，才能外出。這時候明立家規，使男女有別、長幼有序，及早重視家庭倫理，嚴防邪僻的產生，才能防範於未然，使悔恨因此消亡，不致發生。初九爻變，即成漸卦，象徵家人都能循序漸進地成長，家庭才得以安康。

預防後悔，是治家的首要任務。

二、主持中饋是婦人的要務

家人卦（䷤）彖辭說：「家人、女正位乎內，男正位乎外，男女正，天地之大義也。家人有嚴君焉，父母之謂也。父父、子子、兄兄、弟弟、夫夫、婦婦，而家道正，正家而天下定矣。」九五剛中居外，六二柔中居內，象徵夫（男）妻（女）各得正位，合乎天剛地柔的大道理。在一個家庭裡，必須要有像君王那樣嚴正的尊長，指的就是父母雙親。父親固然要嚴格，母親尤其不能放縱孩子。父親善盡父親的責任，母親善盡母親的責任，父母同心協力，一同做好生養教化的工作。若是父子、兄弟、夫婦，都能善盡自己的責任，家道也就端正了。家道端正，天下也就安定了。由本及末，順勢推展。

六二爻辭：「无攸遂，在中饋，貞吉。」小象說：「六二之吉，順以巽也。」「遂」是成的意思，「无攸遂」便是無所成。六二當位，居下離中爻，上與九五相應，象徵婦人（六二）順應丈夫（九五）。「无攸遂」，無所成就，只有在家中主理膳食，稱為「在中饋」，表示婦德重在溫柔，做得一手好飯菜，一方面維護家人健康，一方面也掌握丈夫的胃，使丈夫喜歡在家用餐，多與家人共食。六二爻變為小畜（䷈），乾性剛強，原本喜居上位，現在卻心甘情願地屈居於巽卦之下，顯然是巽卦的順入，發揮了畜止的功效，使丈夫順於巽的溫遜。可見家庭主婦在外雖無成就，但只要守持貞正，在家主持家務，仍然可以獲得吉祥。事實上，家務也是事務的一種，與事業同等重要。「中饋」與「野饋」相對，主內與主外都有貢獻。「相夫教子」這句話，並沒有看輕婦女的意思，只可惜長久以來卻被很多人扭曲、誤解了。

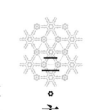

家人 37

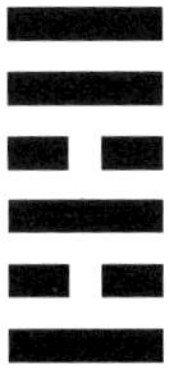

六二，无攸遂，在中饋，貞吉。

六二當位，與九五相應，象徵婦人（六二）順應丈夫（九五），雖然無所專主，也無所成就，但是在家主理家務，和外出工作是同等重要的。六二爻變即成小畜，表示主婦心甘情願地居於巽卦之下，使巽卦的順入，得以發揮畜止的功效。可見主婦守持貞正，主持中饋，與丈夫外出工作，努力於野饋，同樣都能獲得吉祥。「男主外，女主內」，不過是男女有別，居於分工合作的方便，才這樣安排，並沒有看輕婦女的意思。

婦女主持家務，和丈夫外出工作同等重要。

三、笑樂無節不如嚴謹稍過

家人卦（䷤）大象說：「風自火出，家人；君子以言有物而行有恆。」家人卦下離上巽，離火居內，火性向上燃燒，巽風從外向內吹，風愈動則火愈旺。上下互動，形成風助火熾，火旺風生，象徵風火一家，志同道合，有如一家人的互相依存。君子看到這種風自火出的自然景象，領悟出「言有物」（所說的都有實際的事物，不能憑空揑造，或言不及義）而「行有恆」（行為端正並且恆久不變）的道理，以此做為齊家的基本原則。家有家風，必須從日常居家小事做起。齊家以修身為本，而修身以言行為先。由內及外，自然孕育而成。

九三爻辭：「家人嗃嗃，悔厲吉；婦子嘻嘻，終吝。」小象說：「家人嗃嗃，未失也；婦子嘻嘻，失家節也。」「嗃嗃」是嚴厲，與「嘻嘻」的笑樂無節相對。兩者原本都是形容聲音，後來才產生文義。九三居下離究位，過剛不中，不免顯得「嗃嗃」，治家過分嚴厲，有時可能傷及骨肉親情，造成嚴重的懊悔，但是家道卻因此獲得齊肅，最終仍然是吉利的。倘若一家人整天嘻嘻哈哈，看起來相處得十分快樂，卻難免導致家道鬆散放恣的後果。婦人及子女笑樂無節，終必招致羞吝。一家人相處，和氣固然是重要的，但必要的嚴厲也不可避免。九三多凶，啟示我們：一家之長在治家時，寧可過嚴也不宜放縱。因為過嚴未失治家之道，但放縱卻可能導致廢家規、亂倫禮、生閑邪的後果，終至難保其家。九三爻變為益卦（䷩），象徵笑樂無節還不如稍為嚴厲一些，對家道更為有益。現代人倡導親子相處要有如朋友一般，實在是非常危險的觀念，殊不知此舉可能導致父不父、子不子的情形，一旦將來後悔就來不及了！

家人 37

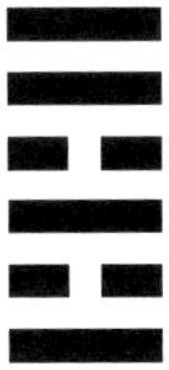

九三，家人嗃（ㄏㄜˋ）嗃（ㄏㄜˋ），悔厲吉；婦子嘻嘻，終吝。

「嗃（ㄏㄜˋ）嗃（ㄏㄜˋ）」是嚴厲，「嘻嘻」為笑樂無節，兩者原本都是形容聲音，後來才產生文義。九三當位，但居下離究位，過剛不中，象徵治家過分嚴厲，難免傷及骨肉的感情，但是家道卻因此獲得齊肅，所以最終仍是吉順的。倘若治家過於寬鬆，婦人和子女成天笑樂無節，導致家道鬆散放恣，最終必然招致羞吝。九三爻變成為益卦，表示盛衰消長的關鍵，全繫於這一爻。九三與上九不相應，必須各自嚴守本分，不宜放鬆。

治家寧可稍為嚴厲，也不可鬆散放縱。

四。家人各安其位便能富家

〈雜卦傳〉說：「家人，內也。」一家人同居一處，所以稱為「內」。家人卦（䷤）外（上）卦為巽ㄒㄩㄣˋ，代表風；內（下）卦為離，代表火。內卦的火因為外卦的風鼓動，而顯得火勢更加熾盛，周圍環境也受到重大影響。《大學》所說：「家齊而后國治，國治而后天下平。」便是社會要安定，必須從家庭內部做起，然後逐漸由家庭擴展到社會國家。六二爻和九五爻相應，象徵具有男子剛強的特性主外，具有婦女柔順的特性主內，符合「男女有別」的原則，能夠各得其所，各行其宜。一家人相處，倘若都能秉持正道而行，自然和樂。

六四爻辭：「富家，大吉。」小象說：「富家大吉，順在位也。」六四當位，居上巽ㄒㄩㄣˋ的始爻，與初九相應，又能以柔順上承九五的陽剛，象徵六四是一位賢慧的婦人，有富家的福氣。六四爻變成同人卦（䷌），上乾為金為玉，象徵富家大吉。《禮記》說：「父子篤，兄弟睦，夫婦和，家之肥也。」「家肥」就是「家富」。家人卦（䷤）下離三爻，初能閑家，養德防範；二主中饋，守持貞正；三位於外，而治家嚴厲，持家治富。六四則代表家中的老祖母，由於巽ㄒㄩㄣˋ順有德，能統攝初至三這一家人，共同支持九五全心主外。九五當位，而六四順承，所以說「順在位也。」六四能夠與初九相應，表示既能承上，又能接下。依《易經》通例，原本應該「四多懼」的，現在卻由於六四以柔順之德，處柔順之位，「順在位也」，所以收「富家大吉」的效果。對家道來說，父慈、子孝、兄友、弟恭、夫義、婦聽，都是「順其位也」的具體表現。為妻之道，由六二主中饋，到六四富家，已經順利完成任務。

家人 37

六四，富家，大吉。

六四當位，不但與初九相應，還能以柔順上承陽剛的九五，象徵主婦賢慧，有福氣可以富家。六四爻變，即成同人卦，表示親切誠懇的老祖母，與六二這位善主中饋的媳婦，婆媳之間相處得有如同仁般，能夠齊心協力，共同支持九五全心主外。原本多懼的六四，由於具有柔順之德，能夠承上接下，因而得以完成「富家」的任務，當然大為吉祥。

婆媳相處良好，家人各安其位，必能齊心富家。

五、父嚴仍須有慈才能幸福

家人卦（䷤）的初九與上九，構成家的保護網。上下兩陽爻形成一個「口」字，表示家庭與外界的範圍。相對於逐水草而居的游牧生活，人類自畜牧興盛以後，便開始有了固定的家，生活型態也產生重大改變，在婚姻制度、夫婦關係、共有財產、教育子女……等方面，逐漸形成共識。家人卦（䷤）下離為文明，上巽為風，象徵家門之內自有家風，成為齊家的基本準則。我們家、別人家各有不同，卻共同是以禮義而傳世。

由於男主人經常都要出外謀生，所以和家人相處的時間，遠不如女主人那麼長久。因此委屈一些，讓父親扮演黑臉，母親扮演白臉，父嚴母慈，這是自然形成的一種分工分式。

九五爻辭：「王假有家，勿恤，吉。」小象說：「王假有家，交相愛也。」「假」讀「格」音，意思是感格，也就是感化。「王假有家」，表示君王能以治家之道，感化全國人民。九五是尊位，以陽據陰，獲得六四的順承，又與六二相應。對君王來說，便是近有六四近臣的支持，遠得六二大臣的響應。象徵由家庭的親睦，推廣到全國百姓，所以說「勿恤」，不需要憂慮。九三、六四、九五為離（☲），錯坎便是心，象徵心有憂慮；倘若不錯，即能「勿恤」，因而獲得吉祥。九五爻變成為賁卦（䷕），表示君王視人如己，同仁之間並沒有絲毫矯柔修飾的色彩。把家的正道，擴展到國，使百姓能夠交相愛。若以家庭來說，「王假有家」可以解釋為身負家長之責，必須以王道感化，才能獲致幸福的家庭。父嚴仍須有慈，促使一家交相愛，培養出家庭的濃厚親情。

家人 37 ䷤

九五，王假ㄍㄜˊ有家，勿恤，吉。

「假ㄍㄜˊ」的意思，是感格，亦即感化。九五當位，居上卦之中，象徵家長以嚴正態度治家，必能感化全家人，造就出優良家風。倘若君王也能以此治國，由家庭的親睦，推廣到全國的和諧，那就是王道政治了。「勿恤」即不必憂慮，自然吉順。九五爻變為賁ㄅㄧˋ卦，表示能夠不矯柔造作，才見真誠。

父嚴母慈，以愛感化，是治家的良方。

六・威如的身教能長保家風

家人卦（䷤）闡明齊家的道理，主要在男以剛嚴為正，女以柔順為正。初九要「閑」，九三「有厲」，上九「威如」，都是男子之道。六二和六四重「順」，為女子之道。九五剛健居中，嚴而有泰。男女平權，仍然有所區別。但是，一陰一陽之謂道，表示陰中有陽，陽中有陰，兩者不可分割。因此「男正」即是剛中有柔、嚴中有慈；而「女正」也需要柔中帶剛，慈中有嚴。男女都要共同求正，只不過是剛柔的比重有所不同而已。「夫唱婦隨」之中，含有「婦唱夫隨」的成分。「男主外、女主內」的劃分，也有彼此好商量的餘地。但由於後世過分強調「威」和「順」的差異，以致形成「男尊女卑」的誤解，實在不符易學本意。

上九爻辭：「有孚，威如，終吉。」小象說：「威如之吉，反身之謂也。」「有孚」即誠信，「威如」表示威嚴的狀態。上九以陽剛處於家人卦（䷤）的終端，也就是一家人之上。既能心存誠信，也能威嚴治家，雖然不當位，與九三也不相應，然而恩威並用，家道便得以嚴正而持久，終能獲得吉祥。上九爻變，即成既濟卦（䷾），象徵以誠信連繫一家人的心，必然安定和諧，大為吉祥。「反身」的意思，是反求諸己，反過來省思自己的所作所為。這時候以「言有物而行有恆」來反省自己，應該可以獲得「威如」的吉祥。家風必須一代又一代地傳承下去，所以每一代的家長，都應該堅持原則，不能夠拿「時代不同」、「潮流如此」做為藉口。因為只要有一代放鬆，家風必然無法繼續傳承下去。子曰：「三年無改於父之道，可謂孝矣。」表示家風至少要在父親逝世之後，堅決地保持三年，然後才能談得上有所調整。

家人 37 ䷤

上九，有孚，威如，終吉。

上九不當位，又居家人卦的究位，象徵祖父把治家的責任交給兒子。若要把傳承家風的工作做好，就需要展現誠信和適度的威嚴，才能使家道正面且持久，終能獲得吉順。上九與九三不相應，構成兩道安全保障，要求上下都適可而止。祖父最好能以「言有物而行有恆」來反省自己，不能稍有鬆懈，做出不良示範，使子孫不知如何是好。上九爻變即成既濟卦，表示全家人能否安定，有賴於上九祖父的誠信和愛護家人的心意。

一家人的安寧與否，端視家風能否順利傳承。

我們的建議

1 家庭是由男女兩性組合而成，家人卦（䷤）下離上巽，離為中女，而巽為長女。二女相乘，象徵家中的婦女，倘若能夠和睦互助，這個家庭就平靜了，一家人便有福了。

2 當年堯帝想要傳位給舜，就先把自己的兩個女兒都許配給他。此舉並非有意控制舜，而是要考驗他：有沒有能力把家庭調理和順？在一個屋簷下，通常很難容納兩個女人。由於家人卦（䷤）的重點在於齊家之道，所以才用「二女同居」來加以闡明。

3 中華民族特別重視自主性，因此不容易協調，互相嫉妒的心態十分強烈，很難和睦相處，誰也不服誰。家人卦（䷤）透過中女和長女相處的道理，說明齊家的方法和重要性，可以擴大到國家的治理，甚至進而平天下。

4 俗語說「妻賢夫禍少」，我們也常說「成功的男人，背後都有一位賢慧的女人」。家人卦（䷤）以女性為主，倡導「女正位乎內」，期能「男正位乎外」，各安其位，各從其事，當然是天地之大義也。

5 家人卦（䷤）雖以九五的「交相愛」為主軸，但齊家之道，仍然應該要嚴正有方。與其失之放縱，倒不如失之過嚴。凡事思患預防，以生、育、教、化來齊家，才能安樂而長久。

6 「生」是誕生子女，「育」為養育子女，「教」是教導子女，而「化」則是教化子女，以身作則。上述四大項目，缺一不可。反觀現代人大多只重視教育，卻不能做為子女的模範，便是缺乏了「化」的作用。

《第六章》

睽卦六爻
有哪些啟示？

家人卦之後，緊接著是睽(ㄎㄨㄟˊ)卦。
〈序卦傳〉說：「家道窮必乖，故受之以睽(ㄎㄨㄟˊ)。」

睽(ㄎㄨㄟˊ)即「乖」，含有乖離、乖違、乖背的意思，
家再和，也難免有乖離的現象，必須謹慎面對。

睽(ㄎㄨㄟˊ)卦（䷥）下兌(ㄉㄨㄟˋ)上離，象徵兌(ㄉㄨㄟˋ)悅附麗於離明，
遇合的目標必須正大光明，才能誠信地謀求遇合。

下兌(ㄉㄨㄟˋ)為少女，上離為中女，二女同居於家中，
但是出嫁之後，仍須各人自立門戶，難免產生歧見。

發生乖違的情況時，不能急躁，應該謙遜謀合，
委屈才能求全，大家都依循睽(ㄎㄨㄟˊ)道而行。

剛開始或許會遭遇到很多挫折，
但只要意志堅定，必能反睽(ㄎㄨㄟˊ)為常態。

一、發生乖違不能急於求合

睽卦（䷥）卦辭說：「睽，小事吉。」「睽」是卦名，意思為兩目相背，也就是不相同、不相交、不一致，甚至於背道而馳。但是睽卦的主旨，在於檢討這種乖異現象的因素，尋求化解之道。務求存異求同，逐漸消弭隔閡對立，趨於和諧共存，所以務必小心處事，才能獲吉。卦辭所說的「小事」，並不是「大事」的相對，而是以「陰柔」為小，所以「小心、謹慎、柔順」方為化解之道。

初九爻辭：「悔亡。喪馬，勿逐自復；見惡人，无咎。」小象說：「見惡人，以辟咎也。」睽卦（䷥）中爻自三至五互坎，依據〈說卦傳〉的說法，坎象徵性情焦急的馬，也象徵偷盜（惡人），所以這裡以「喪馬」和「惡人」來比喻。初九以剛居陽位，象徵奮發有為的剛正人士，最容易引起惡人的嫉妒。初九與九四無應，有如喪失馬匹，無法向上行動。但是九四原本應該與初九相應，現在卻由於失位而無應，以致雙方都覺得孤獨寂寞，於是九四遍尋無應之後，不得不重回初九的懷抱，有如喪失的馬匹再度返回原處，引申為：既然發生乖異，不必急於遷就求合，就當做馬失韁奔騰，不能急於追逐，以免愈追愈遠。倒不如耐心等待其自行返回，就像九四那樣，原先的喪馬之悔，反而能夠自然消亡。就算惡人出現，也不必拒之於千里之外。在初九位卑無權，與上又不相應的時機，根本沒有能力消滅惡人。必須採取敷衍、應付的態度，以防止自己遭到危害。採取謙遜的態度來面對惡人，才能自保而无咎。「辟」和「避」相通，「辟咎」即避免發生差錯。對初九來說，「明哲保身」才符合「潛龍勿用」的原則，千萬不能大意。

睽ㄎㄨㄟˊ 38 ䷥

初九，悔亡。喪馬，勿逐自復；見惡人，无咎。

初九是睽ㄎㄨㄟˊ的開始，以剛居陽位，象徵奮發有為的剛正人士，最容易引起惡人的嫉妒。初九與九四無應，有如喪失馬匹，無法向上行進。九四原本應該與初九相應，卻由於失位而無應。九四遍尋無應之後，自然會像走失的馬匹般，自行重返原地，所以說「勿逐自復」。因為愈是追逐，馬匹可能跑得愈遠，倒不如耐心等待，馬匹不久後便會自行返回。就算有惡人出現，也不必拒之於千里之外。在初九位卑無權，與九四又不相應的情況下，根本無力消除惡勢力，所以必須採取敷衍態度，以求自保，才能无咎。

發生乖違情況，宜稍安勿躁，不能急於求合。

二、狹路相逢彼此委屈求全

睽卦（䷥）彖辭：「睽，火動而上，澤動而下，二女同居，其志不同行。說而麗乎明，柔進而上行，得中而應乎剛，是以小事吉。天地睽而其事同也，男女睽而其志通也，萬物睽而其事類也。睽之時用大矣哉！」睽卦（䷥）下兌上離，離為火，火性向上昇；兌為澤，澤水向下流。離是中女，兌為少女，兩女同居，志趣並不相同。下兌為悅，上離為明，上下卦體相合，象徵以和悅附麗於光明。六五以陰柔居君位，上升到尊位還能居中不偏，並與九二陽剛相應，表示柔順、小心、謹慎可獲吉祥。天地看起來乖背，但是生成萬物的事理相同；男女看起來乖違，但是交感求合的心志，基本上相通；萬物看起來各不相同，實際上生成化育的規律極為類似。易道以睽為用，收相合相通之效。適時適所，化乖異為遇合，所以說「睽之時用大矣哉！」。

九二爻辭：「遇主于巷，无咎。」小象說：「遇主于巷，未失道也。」睽卦（䷥）的卦主為六五，九二陽剛居下兌中位，由於陽居陰位，並不當位，反而因此表現出謙遜的態度。因此九二與六五相應相遇時，彼此都覺得失位不安，有如狹路相逢，相遇於窄巷之中。九二失位，原本應該有咎，但由於能夠居中履順，「說而麗乎明」，按照睽道以和悅附麗於光明，所以无咎。「巷」代表狹小的道路，六五由上而下，九二由下而上，在巷中相遇，表示上下都不失道。相遇于巷，九二和六五都必須委屈求全，所以雙方都未失道。既然相遇，則易於溝通，有心求合，化解雙方的歧見，所以无咎。

睽ㄎㄨㄟˊ 38 ䷥

九二，遇主于巷，无咎。

九二陽剛居下兌ㄉㄨㄟˋ中位，能夠自覺不當位而倍加謙遜，因此九二與六五相應相遇時，彼此都自知不當位而力求合理。有如狹路相逢，相遇於狹窄巷道中，不能不彼此禮讓。睽ㄎㄨㄟˊ卦的卦主是六五，九二向上遇主于巷，按照睽ㄎㄨㄟˊ道以和悅（下兌ㄉㄨㄟˋ）附麗於光明（上離）的道理，委屈求全，所以无咎。

自覺不當位，自知委屈求全，才能无咎。

三、遭遇挫折有賴意志堅定

睽卦（䷥）大象傳說：「上火下澤，睽；君子以同而異。」睽卦下兌上離，兌為澤，離為火，所以說「上火下澤」。由於火炎向上，而澤水潤下，象徵彼此乖異、乖違、乖背，所以卦名為睽。君子看到這種自然現象，應該求同存異，也就是盡力在大同中尊重小異，以化解乖離的困境。首先要明白萬物互有乖違，才能各現事功。譬如顏回居陋巷，而禹治天下，看起來大有不同，但是兩人的仁心善德，卻是完全一致。我們不能只看到乖離的這一面，卻忽略了睽的互補性。事實上，有睽的可怕，才有居安思危的力求遇合。

六三爻辭：「見輿曳，其牛掣，其人天且劓，无初有終。」小象說：「見輿曳，位不當也；无初有終，遇剛也。」六三不當位，在睽的大環境中不得其位，有如車子被拖曳著，而拉車的牛隻，也被人在前面牽掣著。牛不能前進，好比人的額頭受到刑傷，鼻受到截割的傷害。九二與六三相比，但並不相親，專門在後面搞破壞。九四與初九相應，又擋住六三的去路。而六三雖然失位，前面受阻，後面又有人拖曳，剛開始時遭遇很大的挫折，卻仍然志在上九。幸好上九位高而剛健，有能力支援六三，所以能夠「无初有終」。也就是說，六三與上九相遇，上九陽剛，六三遇剛，才能夠「无初有終」。「剛」即為正，而邪不勝正，前面和後面的邪惡勢力，終究無法阻擋六三與上九的遇合。在睽的時代，堅強意志和剛健力量，必須密切配合，才有戰勝邪惡勢力的可能。六三變乾為大有，象徵只要堅定果決，終有化睽為合的希望。

睽(ㄎㄨㄟˊ) 38

六三，見輿(ㄩˊ)曳(ㄧˋ)，其牛掣(ㄔㄜˋ)；其人天且劓(ㄧˋ)，无初有終。

六三是陰爻，上下兩陽爻，有離明之象，卻由於不當位，與上九原本相應，卻遭受到九四的阻擋，於是產生妄見，認為自己的車子，被九二在後面拉扯。而前面的牛隻，又受到九四的阻撓。牛不能前進，車也只好停著。好像一個人的額頭受刑傷，鼻子也被截割般。九二與六三相比，並不相親。九四與初九相應，又擋住六三去路。這種惡劣的情況，終因上九明察，給予六三很大的助力，才得以「无初有終」。六三爻變成大有卦，終於化睽(ㄎㄨㄟˊ)為合。

遭遇挫折時，必須意志堅定、態度果決。

四．乖離孤立最好待人以誠

睽卦（䷥）初九「喪馬」、「見惡人」，九二「遇主于巷」，六三「見輿曳，其牛掣，其人天且劓」，為什麼在爻辭當中，出現這麼多怪誕的景象？這是因為睽字從目，原本就是心中有疑，露出驚奇的眼神。即使光怪離奇，也不算什麼，必須見怪不怪，自行洗心滌慮、減少物欲，以求重現光明，才能恢復常態。所以初九「勿逐自復，見惡人，无咎。」九二「未失道，无咎。」六三「遇剛，无初有終。」所遇大多違背常態，而結果都能无咎，可見處睽之時，保持平常心十分重要。

九四爻辭：「睽孤，遇元夫，交孚，厲无咎。」小象說：「交孚无咎，志行也。」「孤」為孤獨，九四以陽居陰位，上下兩陰爻，六三與上九相應，六五與九二相應，各有所屬。而九四與初九並不相應，所以顯得很孤獨。「元夫」即大丈夫，在卦中指初九。九四與初九兩剛相遇，九四為上離之始，初九是下兌初爻，彼此引為同志，以誠相待，交上朋友，互相信任。雖然有危險，卻也沒有禍害。「睽孤」表示乖離而孤立。六三、九四、六五有坎陷之象，因此有厲。「元」是大的意思，「夫」便是人。「元夫」即大人，也就是九四和初九，都是大人，可以結成君子之交。就算彼此的意見不完全相同，但只要求同存異，依然可以誠信相待。九四倘若爻變為六四，則九二、六三與六四，呈現震象，有意謙遜互信，自然可以踐行。現在九四不當位，孤獨無親看似危厲，幸好所遇初九為「元夫」，而且有互相信賴的意願，所以志行相近，得以厲而无咎。啟示我們：自己心正，必能遇見善心人士。

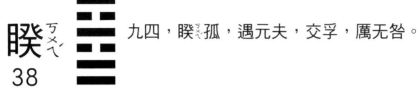

睽ㄎㄨㄟˊ 38

九四，睽ㄎㄨㄟˊ孤，遇元夫，交孚，厲无咎。

九四陽居陰位，為失位的爻。上下兩陰爻，六三與上九相應，六五與九二相應。九四與九二並不相應，因此顯得格外孤獨，稱為「睽ㄎㄨㄟˊ孤」。九四與初九，兩剛相遇，由於九四為上離之始，初九是下兌ㄉㄨㄟˋ的初爻，彼此引為同志，九四把初九當做「元夫」，以誠信交成朋友，雖然有危險，卻也得以无咎。為什麼「厲」呢？因為六三、九四、六五有坎陷的象，因而「有厲」。為什麼「无咎」呢？由於九四爻變，形成震卦，有利於初九前來相遇，所以无咎。

感覺乖離孤立時，最好以誠信待人，較易謀合。

五・光明寬柔才能無為而治

我們常說「眾目睽睽」，意思是張大眼睛注視。看什麼呢？就是看一些希奇古怪的景氣。睽卦（䷥）火在澤上，彼此的性質相違異，看起來水火不相容，所以命名為睽。雖然卦名乖異，六爻卻全都講求遇合。初爻到五爻，都能无咎。上九不當位，竟也能吉。本卦的卦主六五，陰柔得中，象徵睽道重柔順、講誠信，只要誠心誠意，溫順輕柔，必能求同存異，彼此遇合而吉祥。離在上而兌在下，提醒大家「柔進而上行」，才能和悅而附麗於光明。卦主六五雖然失位，卻有居中之德。下應九二剛健，突顯出柔中的美德。

六五爻辭：「悔亡，厥宗噬膚，往何咎？」小象說：「厥宗噬膚，往有慶也。」六五不當位，原本有悔，但因為九二剛健相應，而六五知人善任，所以悔亡，也就不必有悔。「厥宗」指九二為賢良之士，值得六五向宗廟推薦，以示慎重。「宗」即宗廟，「厥」是其的意思。六五向自己的宗廟推薦，便是「厥宗」。「膚」指六三，以陰乘陵九二，難免有妄據九二為己有的企圖，成為六五和九二之間的阻礙。「噬」是噬嗑的意思，便是九二至上九所形成的噬嗑之象。六五和九二之間，出現六三的作梗，必須像咬食皮膚那樣，排除遇合的障礙。倘若如此，則雙方交往，又有何咎？一旦六五獲得九二襄助，天下萬民得福，即為普天同慶，所以說「往有慶也」。六五是上離中爻，象徵光明。六五以柔居陽位，表示寬柔、關懷，能放手讓九二表現。九二上行與六五相遇合，不但得以大展鴻圖，而且造福人群社會，果然是「往有慶也」。

睽ㄎㄨㄟˊ 38 ䷥

六五，悔亡，厥宗噬ㄕˋ膚，往何咎？

六五不當位，原本有悔，但因為九二剛健相應，六五又居上離中爻，有柔中的美德，能夠知人善任，無為而治，所以悔亡，不必有所悔恨。「厥宗」是向宗廟推薦，表示六五對九二的寬厚與看重。九二到上九，有噬ㄕˋ嗑ㄏㄜˊ的卦象。「噬ㄕˋ膚」便是將其中阻礙作梗的六四，有如咬掉皮膚般加以排除。只要九四爻變，九二與六五之間，即有頤象，對六五與九二的相應十分有利，所以說「往何咎？」表示九二上行與六五相遇合，不致有咎。

乖離的情況下，必須保持中和柔順的心態，才能順利謀合。

六、掃除疑慮自能雨過天青

睽卦（䷥）下兌上離，兌為少女，離為中女。兩女幼年同居一家，長大出嫁，仍須各自成家。志不同歸，也是乖違的象。睽卦的前一卦為家人（䷤），重在父父子子、兄兄弟弟、夫夫婦婦，以期家和萬事興。但是家人漸多，到了難以聚合而居的時候，也不免要各立門戶。就算勉強聚合在一起，倘若夫妻反目、兄弟鬩牆、父子互怨，遲早也會骨肉分離，有時甚至比外人還更加可怕。睽卦安排在家人卦後面，用意即在居安思危，預防乖離現象的發生。萬一不幸而睽，則應該小心謹慎，期能睽而後合，把損害降到最低。

上九爻辭：「睽孤，見豕負塗，載鬼一車，先張之弧，後說之弧。匪寇，婚媾，往遇雨則吉。」小象說：「遇雨之吉，群疑亡也。」上九居睽卦極位，與六三相應。但六三乖背，所以有「睽孤」的感覺。「豕」即豬，「負塗」是背上有很多污泥。雖然上九高明之極，也難免疑心生暗鬼，而看不清楚情況。由於六三位於沼澤的極位，與上九一低一高，上下睽違，以致上九看見六三，有如滿身沾滿污泥的豬，又好像是載著一整車的怪物，絲毫也不感到親切。相當於是把親愛的家人，當做敵寇看待。剛開始，還想張起弓來射殺，等到仔細一看，才知道並非亂寇，而是妻子，這才脫去弓弦。「說」與「脫」相通，所以說「後說之弧」。「見豕負塗，載鬼一車」，都是虛妄的幻象，並非真有其事。上九頭腦清醒了，所有疑惑盡數消亡，有如雨過天青般，自然就能與六三真誠相應，所以說「往遇雨則吉」。上九狐疑盡去，不再「睽孤」。由睽而合，一切幻象皆因遇雨而「疑亡」了。

睽（ㄎㄨㄟˊ）38 ䷥

上九，睽（ㄎㄨㄟˊ）孤，見豕（ㄕˇ）負塗，載鬼一車，先張之弧，後說（ㄊㄨㄛ）之弧。匪寇，婚媾，往遇雨則吉。

上九是睽（ㄎㄨㄟˊ）卦頂端，在上離的極位，原本十分高明，卻由於疑心生暗鬼，對相應的六三感到疑惑之至。不但自己覺得孤獨，而且還把六三看成滿身污泥的豬、滿載鬼怪的車。先拉起弓來，想要射箭加以傷害，幸好後來放下弓箭，仔細端詳，這才看清楚六三並非寇盜，而是自己的親人。有如雨過天青，所有的幻象掃除一空，於是上九與六三謀合，遇雨而吉祥。

用心排解謀合的障礙，清除疑慮，自然能夠雨過天青。

我們的建議

1 乖離不過是出現某些裂痕，其實未必是壞事，用不著大驚小怪。我們最好能夠提高警覺，做出合理的判斷，設身處地，冷靜地尋求補救的方法。以柔順的方式，誠心誠意謀合為宜。

2 既然家人以和為貴，為什麼還會產生乖離的現象呢？主要是因為「愛之深，責之切」。親情可貴，卻容易造成反感，此時有賴觀念的導正。偏偏現代人大多不明易理，提倡「父母要做子女的朋友」、實施「愛的教育」……這些似是而非的口號，聽起來很時尚，但並不適合中國的家庭教育。

3 如果父母只是子女的朋友，那麼父子關係就會產生很大的變化，「父不父、子不子」的情況也會擴大。一旦到了無可挽救的局面，恐怕也只能自作自受，這時再怎麼怨天尤人，也都沒有用。

4 「睽」的意思，是彼此違背而導致分離。這就表示彼此原先曾有過共同的原則和目標，但是當目標達成之後，團結的力量就會減弱，此時對於利益的分配，反而會更加注重。當自私心大於聚合心時，睽的現象就產生了。

5 當「求同存異」的精神渙散，轉變成著重於「同中求異」時，大家必然無法團結，而顯得分離散亂。當向心力一天比一天減弱，自私心一天比一天增強，「睽」的現象就會日愈顯現，裂痕也會日愈擴大。

6 明白易理的人，只要依據「一陰一陽之謂道」的道理，就能看出盲目「求新求變」的可怕。唯有建立共識，共同遵循「持經達變」的原則，力求「以不變應萬變」，才能減少睽離現象，有利於謀合。

《第七章》

為什麼
富不過三代呢？

「富不過三代」，最好把它當做警語，
因為它並不是一句牢不可破的魔咒。

只要堅持過小康生活，重視家教，
「富不過三代」的問題就可以迎刃而解。

可見「富不過三代」只是一種觀念問題，
若是觀念正確，又能堅持實踐，自然得以破解。

家庭教育要從胎教開始做起，務必謹慎以對，
別讓迷信拖垮精神生活，這是大原則所在。

市場導向實在是社會的亂源，
一窩蜂追求流行，豈不是無知又盲從？

財大氣粗，是「富不過三代」的徵兆，
最好時時檢討自己，以期能夠防患於未然。

一、富不過三代是觀念問題

「富不過三代」並不是定律，倘若這是不可破解、沒有改變餘地的律則，我們心甘情願地順從也就罷了，何必還要浪費寶貴的時間來研究、探討呢？其實它只是一種「心想事成」的現象，是一種「自作自受」的結果，也是一種可以改變的情況，因為它實際上是由觀念偏差所造成的。

《論語‧衛靈公篇》記載：子曰：「賜也，女以予為多學而識之者與？」對曰：「然！非與？」曰：「非也，予一以貫之。」孔子問他的弟子賜，也就是子貢：「你認為我只是多見多聞，而且把所見所聞都默記在心裡的嗎？」可見這個問題，委實非常重要。子貢表示確實如此之後，孔子趕緊加以釐清：「並非如此，」接著提出正確的觀念，「我只是用一個基本道理，將所學貫通起來。」很可惜後代子孫，寧可將「一以貫之」解釋為「忠恕」，卻不敢坦承「一」便是「陰陽化而為一的太極」。我們常說的「性相近，習相遠」，這裡的「性」即是太極，所以相近；「習」便是後天的習染，產生兩儀、四象、八卦乃至於六十四卦的變化，當然相去甚遠。古聖先賢早已提出警示：所有夫婦，都不應該沉淪於情欲、物欲，以及種種妄想，以免使家人生活在不和諧的壓力下，造成各種偏差行為，導致「富不過三代」的情況不斷重複上演，幾乎使人不敢起心動念想要加以改變。久而久之，反而習以為常，把「富不過三代」這句話，視為不可改變的定律，實在是愚昧之至！可見觀念錯誤所造成的惡果，令人難以承受，卻又無可奈何！換句話說，想要改變這種現象，必須從端正觀念做起，別無他法。

「富不過三代」是「心想事成」的結果，

↓

必須先從心理建設著手，打破這種迷思。

↓

所有夫婦，都不應該沉淪於情欲、物欲，
以及種種妄想，以免使家人生活在不和諧的壓力下，
造成各種偏差行為。

↓

同時堅持過著小康生活，不奢侈、不浪費的生活。

↓

只要能夠持之以恆，不受外界的誘惑而改變，

↓

自然能夠跳脫「富不過三代」的魔咒。

二、家庭教育要從胎教開始

我們經常抱怨社會秩序混亂，大家難以和諧相處，認為學校教育的成果，一旦到了社會，便會被嚴重地破壞了。實際上，這是倒果為因的想法。倘若學校教育健全，根基穩固，理應在社會上產生良好而強大的影響力，怎麼會禁不起社會的考驗，應聲而倒呢？現代學校教育普及，已非往昔所能比，當然更應該有所發揮，用以改善社會風氣才對。

其實學校教育的根基，在於家庭教育。唯有健全的家庭教育，把人之所以為人的根本基礎打造妥當，學校教育才能順利地完成應有的使命。畢業後在社會上，不管從事任何行業，擔任哪一種職位，都應該能夠發揮自己的參考力，使上下左右的同人（有志一同的人），都能受到良好的影響。

常見現代父母以忙於工作，沒有時間照顧自己的子女為由，將教育的責任推給學校。另一方面，卻以家長的身分，任意干擾教師的工作，造成教師不敢管學生，家長又不管子女的亂象。試想，學校教育怎麼可能負起責任呢？有些父母，更以時尚分子自居，認為現代社會不論醜名、污名、虛名，只要能出名就好；不論邪利、暴利，只要能夠賺錢，便是一家人的期望。又以「愛的教育」來矇騙自己，把自己的不懂教育、不認真教育、不用心教育，全部都給合理化了。

家庭教育，必須從胎教做起。而胎教的起點，即在夫婦尚未成為父母，也就是妻子還沒有受孕之前便開始了。因為雙方性愛的情況，將會對子女的五官及氣質造成影響。而先天畸形及後天的身心狀態，也都與此有關。

家庭教育根基穩固，學校教育自然良好；
學校教育正常發展，社會秩序自然安寧。

↓

可惜我們反而倒果為因，

↓

認為學校教育的成果，一旦進入到了社會，
便會被嚴重地破壞、染黑了。

↓

家庭教育至關重要，現代人卻常以忙於工作為由，
把教育的責任推給學校，實在是不智之極。

↓

家庭教育從胎教開始，就應該謹慎小心，
準父母的言行舉止，都會對未來的子女造成影響。

三、市場導向是社會的亂源

現代人在短短不到半個世紀的歲月裡，就幾乎要將大自然長久以來，秉持生生不息原則所經營的一切給摧毀殆盡。地球上少掉五分之一的一等良田、五分之一的雨林，無數的動、植物消失無蹤，請問這是誰的責任？答案其實就是「無情的消費者」。然而，消費者的說法，卻是「我怎麼知道會這樣？」換句話說，倘若消費者早知如此，必然會知所節制，因為我們都不是沒有良心的人。可見消費者是無辜的，是被鼓吹創新、廣告宣傳、集體催眠、幕後操縱的「產官學集團」所陷害，而美其名為「市場導向」。請捫心自問：「現代人所謂的高品質、高效率、高速度、高價格的種種高級產品，真的有存在的必要嗎？」除了助長虛榮、鼓勵奢侈，還有什麼實際功能呢？為了這些不必要的產品，賠上了地球生態和人類的健康，拉長了貧富的差距，有什麼價值呢？現代社會之所以動亂，致使我們根本無法安定而寧靜地生活，真正的原因並不是科技不夠發達，而是現代科技太過氾濫，市場導向造成無限的需求，企業界又不能憑良心反省，成天盲目求新求變所造成的惡果。

市場導向是二十世紀的學說，卻成為廿一世紀最大的魔咒。倘若不能及早加以改變，人類再怎麼努力，終究不敵市場導向的利爪，舉凡：環境保護、天人合一、人類一家、地球村……等，都將淪為美麗動人的口號，實際上根本做不到。

正是基於這樣的缺陷，《易經》才會浴血重生，期能在廿一世紀扮演救世的重大角色。而政府的功能也必須重新顯現，千萬不要自欺於財團控制下的產官學惡勢力，以免造成無法挽救的局面，使人類和萬物陷入萬劫不復的深淵。

市場導向是20世紀製造出來的大笑話！

↓

把責任向外推，推給市場、推給顧客，

自己昧著良心大賺不義之財，這樣合理、正當嗎？

↓

倘若不能及早加以導正，做出合理調整，

人類再怎麼努力，終將不敵市場導向的利爪，

天人合一、環境保護、地球村，全部都將淪為空談。

↓

《易經》在廿一世紀浴血重生，便是要端正觀念。

↓

政府的功能必須重新顯現，

千萬不要自欺於龐大財團控制下的產官學惡勢力。

四、別讓迷信拖垮精神生活

物質生活固然重要，卻也不能因此而拖垮精神生活。現代人極力破除迷信，卻不幸招致更多的迷信，舉例如下：

1.迷信科學：科學原本是用來破除迷信，但是卻有更多的人，把科學變成迷信。凡科學的必真實，而遇到科學尚未明瞭的，則一概視之為迷信。這種科學萬能的心態，對現代仍在發展中的科學，未免期望太高。開口科學、閉口科學，即為科學教的虔誠信徒，迷信到不知道自己很不科學。

2.迷信名牌：萬般皆下品，唯有名牌高。殊不知名牌的設計師，早已被迷信的顧客追逐得江郎才盡。所設計出來的新產品，如果沒有貼上名牌，恐怕大家都不會欣賞。一旦貼上名牌，大家連夜排隊，爭相購買。從名牌衣物、名牌用具，到名牌演員、名牌球星……無不愈演愈烈，令人不禁懷疑：人類的判斷力、審美觀，究竟到哪裡去了？看到年輕的迷哥迷姐，成天追著偶像明星跑，也不免令人疑惑：難道他們都沒有父母了嗎？

3.迷信金錢：現代人喜歡唸一些連自己也搞不明白的口號，例如「錢不是萬能，但是沒有錢萬萬不能」。前半段應該是對的，後半段則純屬每一個人自己的見解。不幸的是，現代人大都只相信後半段，而把前半段當做幌子，實在可憐！金錢萬能，已經成為現代拜金主義的信念。有錢能使鬼推磨——大家都只想到錢，卻不介意推磨的是鬼。

比起古老的迷信，這些現代化的迷信，更容易拖垮我們的精神生活。如果把「富不過三代」的思維也變成迷信，那就無可救藥，豈非哀莫大於心死？

現代人極力破除迷信

↓

卻不幸招致更多迷信

迷信科學	迷信名牌	迷信金錢
把科學看成宗教， 認為科學萬能， 凡事必合乎科學， 非科學不信， 這就是一種迷信。	萬般皆下品， 唯有名牌高。 靠名牌來彰顯自己， 變成名牌的奴隸， 豈非貶低自己？	有錢能使鬼推磨， 請注意推磨的是鬼！ 把鬼引進來， 就很難再送走， 實在是自尋苦惱！

還不如信仰「道德」，來得更加安全而有效！

五．凡事應該都有商量餘地

〈繫辭．下傳〉說：「上下无常，剛柔相易，不可為典要，唯變所適。」意思是：易的卦爻變化無常，不可拘泥於一端，最好依其所適合的方式，不斷地變化。天人合一，表示天定的數，也可以因為人的作為而有所調整。換句話說，凡事總有商量、變通的餘地。任誰也沒把握能長久地保有富貴，卻一定有辦法盡量延長富貴的期限。

曾國藩一生的經驗，總結起來得到三句話：「從來功名乃天數，非強求可得，唯聖賢可學而至。」換句話說：功名、財富在天不在人。《論語．述而篇》記載孔子的話：財富倘若可求，即使是執鞭的工作，我也會去做。在同一篇當中，孔子又說：我要仁，仁就來到了。可見如果我們不想改變命運，命運便是固定的；我們若想改變命運，唯有一條途徑，那就是透過提升品德修養來自我改變。同理，「富不過三代」的說法，如果不想改變它，它就會成為定律；如果想要改變它，仍然是可以改變的。

怎麼改變呢？只有一條路可走，便是「修己齊家」。修己的重點，在以齊家的立場來修己，也就是把自己修造到合乎齊家的要求。而齊家呢？則是應該站在治國的立場來齊家，使自己的家庭教育，符合國家的要求。現代人愈來愈相信地球村乃大勢所趨，認為國家遲早會變成虛級的組織。實際上，這不過是強國的美麗謊言，對弱國非常不利。特別是中華民族，很早就具有平天下的意識，可以說國家意識相對薄弱，所以更不應該有這樣的想法。比較妥當的態度還是修齊治平，一步一步向外推展，如此將更安全，也更加符合實際需要。

世界上的事大多具有彈性，能夠調整，
凡事應該都有一些商量的餘地。

↓

任誰也沒把握能夠長保富貴，
卻一定有辦法能盡量延長富貴的期限。

↓

怎樣才能做到呢？答案唯有「修己齊家」。

↓

修己的重點，在以齊家的立場來修己，
把自己修造到合乎齊家的要求。

↓

修齊治平，一步一步向外推展，
這種作法更為安全，也更符合實際的需要。

六、財大氣粗是主要的近因

前面所說的，都是「富不過三代」的相關因素。真正的根源，則在於財大氣粗所造成的後遺症。「我有錢，錢是我賺的，而且都合法，愛怎樣誰管得著？」這種不正常的心態，必然導致「富不過三代」的結果，可說完全是自作自受。

往昔不過是「官大學問大」，現代還加上「錢多學問大」，負面的影響力更為可怕。有錢有權者，經常上電視、擺姿態，裝出一副不可一世的模樣，還要發表一些令人啼笑皆非的論調，殊不知受害最深的，竟然是自家的子女。有樣學樣，居然自稱「富二代」，為非作歹，還當眾高喊「我父親是某某某」。家中有如此厲害的敗家子，試問還能維持多久？一個人有錢，原因很多，除了自己的努力之外，還需要有機會、有助力，當然也要有運氣。我們常說「老天公正而不公平」，人所能得到的，不過只是「合理的不公平」。我們也常說「人比人氣死人」，都是基於這種普遍可見的事實。

財大氣粗，實際上是心虛的表現。沒有實力而居高位，不知道自己為什麼忽然這麼有錢，被大眾吹捧得好像真的是明星。處於這種情況，自知之明不見了，對各種誘惑的抵抗力也消失了，最後連那一點羞恥心也沒了。所作所為，有時自己想想也覺得可笑，一家人跟著發狂，當然很快就遭殃了！這種因果報應，說穿了便是十足的自作自受。

腦海裡只有「法」的存在，不向「理」的層次提升，不明白「合法未必合理」，也不清楚自己在不知不覺當中，已經敗壞社會風氣、破壞善良風俗，「富不過三代」就成為必然的後果。古往今來並沒有例外，應該是超越科學的實證。

財大氣粗是主要的近因

財大氣粗的成因

窮久了，窮怕了，
一旦有錢，
由於心虛、不踏實，
難免對錢產生報復心理，
致使自己控制不住，
不但想盡辦法炫富，
而且期待他人另眼相看。

財大氣粗的惡果

有人看不慣，敬而遠之，
但還不致於造成傷害。
有人則是看準機會，
刻意奉承，引誘至陷阱裡，
詐取財物，甚至嫁禍於他，
最後落得百口莫辯，
那才是最為恐怖的惡果。

1 以上所說，乍看之下似乎與「富不過三代」沒有什麼關係，實際上深一層想，便能明白這些都是「富不過三代」的根本原因。觀念不正確、行為有所偏差，自然就會「富不過三代」。

2 現代人講求吃得精緻、穿出品味、留戀聲色場所、先享受後付款、注重外表的虛偽裝飾、坐享其成、能動不能靜、知進不知退……上述種種，哪一樣不是市場導向所造成的？放眼今日，聖賢不再有，難道連政治菁英也不見了？怎麼會如此的不聞不問呢？

3 應該把「富不過三代」當成一種價值判斷，提醒我們：維持小康生活，才可長可久。為什麼要不斷求富來製造出「富不過三代」的苦惱呢？倘若要向它挑戰也未嘗不可，只要真心修養，認真改善家風，當然可以完成心願。

4 喜歡聽好話，原本是人之常情，現代人偏偏愛說好話，結果把很多人哄得信以為真。一心一意追求功名利祿者，往往是起因於「好話」的鼓勵，卻也因為聽多了這些「好話」而召禍。

5 「任何事情做到差不多就好了」，現代人對這句話大多很反感，往往提出「做人可以差不多，做事絕對不能差不多」的反駁。實際上，做人做事分不開，是說的人不明白「差不多」這句話，原本的意思即是「不能差太多」。

6 中外聖哲所說的教誨，應該是放諸四海而皆準、萬世通用才對。現代人喜歡提出質疑，甚至對聖哲的教誨反感而難以接受，這必定是扭曲了聖哲原意、解釋錯誤，或是自己做錯了所造成的。唯有及早反求諸己，才能獲得解救。

《第八章》

蹇卦六爻
有哪些啟示？

人生難免遭遇艱難，必須勇於面對，
通過險阻，是「蹇ㄐㄧㄢˇ」的要旨，平日就應該熟悉。

守貞不變節，是蹇ㄐㄧㄢˇ道的根本原則，
智者不能違時而動，必須修身以待時。

蹇ㄐㄧㄢˇ之又蹇ㄐㄧㄢˇ，是對眾人的嚴苛考驗，
同心協力，拯濟時艱，才能順利脫離險境。

以道德化解險難，最可靠也最有效，
輕易冒險犯難，其實是不負責任的表現。

剛實有力，然後才能有所作為，
群賢同心，才能協力解救世難。

剛剛克服困難，緊接著又迎向新的挑戰，
循序漸進，力求減少後遺症，方為化解之道。

一‧智者之動必須不違乎時

蹇卦（䷦）揭示面對艱難、通過險阻的道理。卦辭說：「蹇，利西南，不利東北，利見大人，貞吉。」艮下坎上，象徵前有險難而後有險阻。一個人遇到前後皆險的時候，要設法安然通過，唯有審度地形，看看有沒有比較容易脫險的途徑。〈說卦傳〉指出：「坎者，水也，正北方之卦也……艮，東北之卦也。」山高水深的險境，大多出現於東北，所以向西南走比較有利，而不利東北。「大人」指九五，當位居中，又與六二相應。蹇卦（䷦）除了初六以外，其餘五爻都當位，象徵大德之人，只要守貞而不變節，自然會有辦法安然脫險，所以說「利見大人，貞吉。」守貞正、有貞節，必然吉祥。

初六爻辭：「往蹇，來譽。」小象說：「往蹇，來譽，宜待也。」「往」是進的意思，「蹇」表示行走艱難。前有水後有山，障礙重重，倘若不顧一切急著往前走，萬一踩到坎陷，豈不是無謂的冒險嗎？「往蹇」的用意，在於提醒我們：處於蹇的情境下，若是冒險犯難必蹇。「來」是退，「譽」即獲得美譽。初六並不當位，與六四又不相應，處於下艮的始爻，可說是險阻的開始，也就是見險能止的時機。在「往蹇」的時候，能夠懂得適時退轉，尋求妥當對策，以免徒然遭受蹇難，當然獲得美譽。然而退轉的目的，在於謀求脫險之道，務須待時而動，才能完成任務。初六爻變即為既濟（䷾），可見暫時退轉，妥為因應，必能順利通過險難。《論語‧雍也篇》記載：「仁者樂山，知者樂水。」初六居艮的始位，明白山的安固，此時面對險難的水，必須發揮「智者不違時而動」的精神，修身以待時。

蹇ㄐㄧㄢˇ 39 ䷦

初六，往蹇ㄐㄧㄢˇ，來譽。

「往」即進，「來」為退。初六處蹇ㄐㄧㄢˇ之始，若是冒然前進，萬一踩到坎陷，豈非自討苦吃？由於初六並不當位，又與六四不相應，表示在蹇ㄐㄧㄢˇ的開始，最好能適時退轉，尋求妥當對策，以免徒然受難。初六爻變即成既濟卦，象徵不往而來，應該可以獲得讚譽。有智慧的人，在面對艱難險阻時，會明白自己不能逃避，也不能冒然採取行動，而是要修身以待時的道理。初六以柔居始位，便是「履霜堅冰至」，必須慎重面對。

不違時而盲動，才是真正的勇者。

二、蹇之又蹇必須任勞任怨

蹇卦（䷦）彖辭說：「蹇，難也，險在前也。見險而能止，知矣哉！蹇，利西南，往得中也；不利東北，其道窮也；利見大人，往有功也；當位貞吉，以正邦也。蹇之時用大矣哉！」蹇是卦名，意思是行走險難。下卦為艮，上卦為坎，山在後而水在前，所以說「險在前也」。遭遇坎險時，能夠及時停止，並不盲目冒險犯難，當然是明智的抉擇。卦辭指出「利西南，不利東北」，提示我們往西南的方向行走，會比較平順有利；向東北的山地行走，很可能路途窮困。「中」為合理，所以向西南更加適宜。「利見大人」表示處於蹇的情境下，必須有德之士，堅守貞正和貞節，才能往而有功，遇險卻終能脫險。像九五和六二這樣，外正內順，當位而貞吉。

六二爻辭：「王臣蹇蹇，匪躬之故。」小象說：「王臣蹇蹇，終无尤也。」六二當位，居下艮中爻，上與九五相應，象徵王臣。既然身為王臣，定當忠於職責，不能臨危脫逃。九五與六二都當位，象徵公正無私，必然不畏艱難，臨危不逃。九五居外坎中位，六二和九三、六四構成坎卦，六二為坎的開始，可見九五、六二俱皆危難，所以說「王臣蹇蹇」。「匪」即非，「躬」指自身，「匪躬」便是不為自身。表示王臣不計較個人得失，鞠躬盡瘁死而後已。「故」為事故，「匪躬之故」就是不為自己的事。就算蹇之又蹇，也要同心協力，拯濟時艱。六二爻變即成井卦（䷯），象徵依循正道必能尋獲有利的資訊，可以疏通化解當前的險阻。「終无尤也」，表示六二柔順，即使才能不足，還是能與九五賢明君王共濟時難，終能順利脫險而沒有怨尤。

蹇ㄐㄧㄢˇ 39 ䷦

六二，王臣蹇ㄐㄧㄢˇ蹇ㄐㄧㄢˇ，匪躬之故。

六二當位，居下艮ㄍㄣˋ中爻，上與九五相應，處於險難的情境，所以九五與六二都很危險，稱為「王（九五）臣（六二）蹇ㄐㄧㄢˇ蹇ㄐㄧㄢˇ」。「匪」即非，「匪躬」是指不是為了自己。「匪躬之故」象徵國家處於險難時，為人臣子努力奔走，並不是為了自己。即使再艱險，也要同心協力拯救世難。六二爻變成為井卦，表示遵循正道必能獲得有利的資訊，得以化解當前的險阻。

即使再險難艱苦，也要同心協力，尋求化解之道。

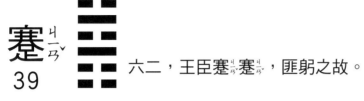

三、及時回歸本位得其所安

蹇卦（䷦）大象說：「山上有水，蹇；君子以反身修德。」下艮為山，上坎為水，所以說「山上有水」，稱為「水山蹇」。君子看到這種自然景象，體悟出一個人遇到前方有危險的坎陷，後方有險峻的高山阻擋，此時必須知止，以尋求應變的措施，而不是為求脫離困境，便冒然前進，反而壞了大事。這時候不妨安靜下來，好好反省，想想水被困在山上，無法及時發揮作用，倘若形成現代所說的「堰塞湖」，一旦崩塌時，豈不是禍患無窮嗎？〈乾卦‧文言〉指出九三進德修業，應該是有效的處蹇之道。「反身修德」，等待適當的時機再出發，實在是明智的對策。

九三爻辭：「往蹇，來反。」小象說：「往蹇，來反，內喜之也。」九三為下艮的極位，再向前一步，便是上坎，可以說與坎險緊密地連接在一起。上六陰柔，又處蹇卦的最外一位，無力支援九三，即此彼此相應，也是徒然。「往」指向前，「往蹇」便是向前即有險難。九三雖然與上六相應，但中間受到九五的阻隔，所以說「往蹇」。「反」是回歸的意思，「來反」是指既然向上有險難，倒不如向下與六二、初六共商良策。下卦為艮，九三是下艮的卦主，下面兩陰爻，象徵不能自立於蹇難的情境，必須依賴九三為其做主。倘若九三慌張失措，會使初六、六二更加不安。幸好九三及時回歸原點，不輕易涉險犯難，初六與六二心生喜慰，所以說「內喜之也」。九三爻變為比卦（䷇），象徵向下親比，仍需要九五的大德指引。用道德化解險難，遠比任何力量都更為強大可靠。蹇卦四陰二陽，陰柔的爻需要陽剛的爻來支撐，因此九三和九五，也就顯得特別堅定。

蹇ㄐㄧㄢˇ 39

九三，往蹇ㄐㄧㄢˇ，來反。

九三當位，但是再往前一步便是上坎，所以要適可而止，才能確保安全。雖然與上六相應，卻由於上六處蹇ㄐㄧㄢˇ的最外一位，無力支援九三，中間又受到九五的阻隔，所以說「往蹇ㄐㄧㄢˇ」，前進實在過於艱難。「來反」是不如回歸，調過頭來，向下與六二、初六共商對策。初、二兩陰爻，原本就不能自立於蹇ㄐㄧㄢˇ的情境，當然樂於聽從九三。因此，九三必須及時回歸原點，也就是不輕易涉險犯難，以策安全。九三爻變成為比卦，表示向下親比，仍然需要九五的大德指引。

及時回歸基本面，不輕易涉險犯難，以策安全。

四、剛實有力才能有所作為

六十四卦中，提及「時」、「時義」、「時用」而讚為「大矣哉」的，共有十二卦。其中「時用大矣哉」有：坎（䷜）、睽（䷥）和蹇（䷦）這三卦。「蹇難」對一般人來說，當然是困難重重而憂心忡忡；但是對君子而言，卻是發揮高度智慧，處蹇能用蹇，開發再生的良機，所以說「蹇之時用大矣哉！」〈雜卦傳〉指出：「蹇，難也。」《說文解字》進一步說明：「蹇，跛足也。」從字形上看，「蹇」即「寒足」，不利於行，似乎只適於居留。但是蹇道的主旨並不在此，而是一再呼籲必須合理因應，務求脫險。爻辭除了六二與九五兩爻，其餘都是有「往」有「來」，也就是要有所行動，不可坐以待斃。

六四爻辭：「往蹇，來連。」小象說：「往蹇，來連，當位實也。」六四當位，卻柔弱無能，居於上坎初位，象徵險難已在眼前。與初六並不相應，難於往就，所以說「往蹇」。然而，六四若回過頭來，欲以柔（六四）乘剛（九三），也並非易事。「連」表示接連，「往蹇，來連」就是往來都困難。《易經》各卦，內外界大多以三、四兩爻為分割線，換句話說，三爻與四爻多不連接。蹇卦（䷦）九三當位為實，六四同樣當位為實。既然六四、九三都當位為實，所以六四以陰柔乘九三陽剛，也算是不失其正。六四爻變成為咸卦（䷞），象徵人、事、物的互動相當良好，令人心生感動。在這種情況下，權衡利害輕重，九四仍以與九三親比要來得實在。《淮南子‧人間訓》說：「夫物無不可奈何，有人無奈何。」世上沒有不能解決的問題，只有不肯解決問題的人。六四應在往來之間，知所抉擇。

蹇ㄐㄧㄢˇ 39

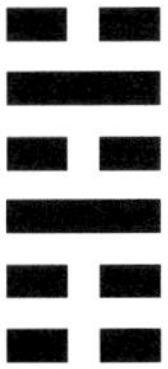

六四，往蹇ㄐㄧㄢˇ，來連。

六四當位，卻柔弱無能，居上坎初位，象徵險難已在眼前，與初六並不相應，不適合前往，所以說「往蹇ㄐㄧㄢˇ」。然而，六四若回過頭來，欲以柔（六四）乘剛（九三），也並非易事，所以說「往蹇ㄐㄧㄢˇ，來連」，實在是往來都十分艱難啊！六四爻變為咸卦，表示彼此同情，互動良好，令人心生感動。在這種情況下，也就是六四處於上（九五）下（九三）之間，權衡利害輕重，仍以與九三親比為安。

剛實有力，遠比柔弱無能來得實在。

五、群賢同心協力解救世難

若是把一個重卦的上、下兩個單卦交換，就成為這一卦的交卦。蹇卦（䷦）的交卦是蒙卦（䷃），坎下艮上，艮山在前而坎險在後，卦象剛好與蹇卦的艮下坎上，前後情況相反。為什麼蒙待啟發，而蹇要智取良策呢？因為山下出泉，已經有了一條明確可行的道路，只要好好去走就是，象徵沒有憂慮，也不必多所顧忌，只要遇險而止也就罷了！殊不知這種情況，勢必造成蒙昧，因此亟待啟發，才能把潛在的智能開發出來。蹇卦則是山上有水，存有潛在的危險，不知何時會爆發，令人憂慮。若是僅僅見險而止，仍然難以心安，必須設法謀求良策，以資妥善因應，才能化解險難。其中主要關鍵即在九五，所以爻辭說：「大蹇朋來。」小象說：「大蹇朋來，以中節也。」九五尊位，居上坎的中心位置，象徵以一身擔負起天下的大難。「大蹇」即是一切的險難。九五既是上坎的卦主，也是全卦的卦主，象徵集險難於九五一身。幸好九五與六二相應，而且全卦除了初六之外，其餘五爻都當位得正，象徵正人君子，朋聚而來。上下同心協力，共濟時艱。為什麼九五能這樣幸運呢？主要是在大蹇之中，還能夠堅守中道，不失為君王的節度，足以感動群賢，共同前來解救世難。九五爻變為謙卦（䷎），象徵九五謙下而不與其鄰爭功，即使發動征伐也將無所不利。全卦只有九五與六二這兩爻的爻辭，並沒有「往來」的字樣，表示絲毫不為蹇難所動搖。九五以君王居上坎中位，更具有「我不入地獄，誰入地獄？」的氣概，當然令人欽敬。因此「大蹇朋來」，群策群力，表現得內外皆正。

蹇ㄐㄧㄢˇ 39 ䷦

九五，大蹇ㄐㄧㄢˇ，朋來。

九五為上坎卦主，也是全卦卦主，象徵集險難於一身，所以說「大蹇ㄐㄧㄢˇ」。由於與六二相應，而且全卦除了初六之外，其餘五爻（六二、九三、六四、九五、上六）都當位，象徵正人君子相聚而來，所以說「朋來」。身處大蹇ㄐㄧㄢˇ之中，九五還能夠堅持中道，所以感動群賢，共同前來解救世難。九五爻變為謙卦，表示誠懇謙虛的態度至為重要。

群賢同心協力，即使是大難也終將獲得化解。

六．團結一致共謀安內攘外

蹇卦（䷦）卦辭指出，救難脫險有三大原則：首先：必須進退合宜，也就是當進即進，應退便退。其次：無論進退，都應該謹守中道，以合理為度。不但進要合理，退也要合理。第三：大人的領導，是蹇道的主要條件，必須保持陽剛、合理的氣節，才能號召賢能之士，共同前來濟艱脫險。卦中六爻，大抵秉持這三大原則，提出不同環境和位置所應該遵循的濟蹇法則。全卦一直到上六，才有吉祥的可能，可見救難脫險絕非易事，必須全心全力方可見效。

上六爻辭：「往蹇，來碩，吉，利見大人。」小象說：「往蹇來碩，志在內也；利見大人，以從貴也。」上六位於蹇卦終點，象徵蹇難即將化解。但是人生的歷程，總是起起伏伏，剛剛才脫離險難，往往又是另一番險難的開始。我們常說「成功只能歡喜一個晚上」，提醒我們緊接著而來的，又是一番新的挑戰。「往蹇」的意思，即是再往前走，勢必又將遭遇蹇難。「碩」為大，指的是九三賢才。上六與九三相應，陰陽和諧。上六的意向，應該是聯合內部，共同為濟艱而努力。這種「志在內」的表現，能促使上六與九三同心協力，聯合所有賢士，「利見大人」，團結在九五身邊。九五尊貴，所以說「以從貴也」。上六蹇難即將終了，遵從九五，聯合九三，共同建立碩大的功勞，因而獲得吉祥。歷經初六到九五，這時才有吉祥字樣，表示歷時長久，而且過程十分艱辛，殊為不易。上六以柔道慎處於蹇難之終，爻變即成漸卦（䷴），象徵必須依據當時快慢緩急，循序漸進，以求儘量減少後遺症。

蹇ㄐㄧㄢˇ 39

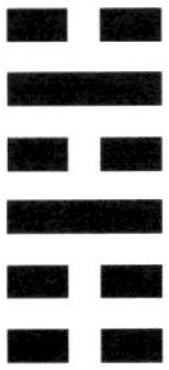

上六，往蹇ㄐㄧㄢˇ，來碩，吉，利見大人。

上六當位，由於位居全卦的終極，表示蹇ㄐㄧㄢˇ難即將化解。「碩」為大，指的是九三賢才。上六與九三相應，表示上六最好能夠聯合內部力量，共同為濟艱而努力。只要上六與九三密切配合，聯合所有賢士，「利見大人」，團結在九五身邊，群策群力，又有堅強領導中心，當然吉順。上六爻變為漸卦，表示只要能夠依循輕重緩急，採漸行漸進的方式，即使再難的事也變得不難了。

團結一致，齊心協力，足以安內攘外。

我們的建議

1 〈序卦傳〉說：「睽者，乖也；乖必有難，故受之以蹇。」睽卦（䷥）處於乖背違逆的情境，既然互相乖背，就必然走上險難的途徑。因此接下來是蹇卦（䷦），揭示行走險難的道理。

2 〈序卦傳〉接著說：「蹇者，難也；物不可以終難，故受之以解。」「蹇」是難的意思，也就是行走險難之道。事物不可能長久險難，象徵天無絕人之路，所以接下來便是解卦（䷧），排患解難，以期解除險難。然後檢視損益狀況，再做打算。

3 從卦象看，上坎為水，象徵危險；下艮為山，有止的意思。前有險，後有阻，最好能夠遇險而止。但從卦體來看，水被困在山上，終將崩潰，對鄰近的居民構成極大威脅，不可不設法加以因應，以期化解潛在的險難危機。

4 倘若為了急於脫困便意氣用事，那就違反了處蹇之道，必將後悔，有時甚至連悔恨的機會都沒有。因為堰塞湖一旦崩潰，很可能造成滅村的慘劇，務必預先防患。

5 「蹇」字由「寒」和「足」組成，表示足要前進，卻受到寒氣的侵襲，以致血氣難通，無法前行。「蹇」字也可說是由「塞」去掉「土」，和「足」所組成，象徵足要前進，卻遭到物體阻塞，因而寸步難行。

6 無論如何，處蹇之道的要訣，就在於反省修德。遇到險難，要先反省自己的缺失，充實自己的德行，才能有益於險難的化解。反求諸己，在這種情境下顯得更加重要。

《第九章》

解卦六爻
有哪些啟示？

解卦是蹇ㄐㄧㄢˇ卦的綜卦，表示一體兩面。
「蹇ㄐㄧㄢˇ」為難，「解」則是解除險難的原則和途徑。

險難獲得解除，必須加強內部修治，
與其說是「秋後算帳」，為何不說是「由亂返治」？

剛直合理是修治的基本原則，
能守正，才可以毫不猶豫地採取行動。

小人不能居高位，以免造成上慢下暴的情況，
各人盡心盡力，除惡務盡，才是首要的共識。

敬小人而遠之，以誠信感化為要，
使小人自知退讓，不求倖進，方為上策。

解除險難，必須是為了拯救萬民，
為公而不是為私，才能順利脫離坎險。

一、世難既解即須由亂入治

解卦（䷧）是蹇(ㄐㄧㄢˇ)卦（䷦）的綜卦。「蹇(ㄐㄧㄢˇ)」為難，「解」即解除險難。解卦卦辭說：「解，利西南；无所往，其來復吉；有攸往，夙吉。」蹇(ㄐㄧㄢˇ)卦卦辭指出：「利西南，不利東北。」表示險難出現在東北，而以西南為有利的方位。東北的險難，有待來自西南的化解，因此解卦的方位，必然利於西南。「无所往」指沒有險難需要化解，「來復」則是歸來回復原處。既然沒有險難需要化解，這時候還去做什麼？不如來復安居，修治內部，才是吉祥。「有攸往」和「无所往」相對，若是真正有險難亟待化解，便是「有攸往」。「夙」是速的意思，遲緩恐怕誤事，所以愈早愈快，才能吉祥。「解難」的原則，是有險難才去處理，沒有險難就不必前去，以免徒增困擾，沒幫上忙反而添麻煩。

初六爻辭：「无咎。」小象說：「剛柔之際，義无咎也。」初六柔居剛位，而九四剛居柔位，兩爻都不當位，卻能夠陰陽相應。「際」是相接，「義」表示合理，小象用以解釋爻辭，所以初六與九四相應，象徵剛柔相接而得其宜。這種合理的安排，說明初六是解卦的始位，險難已獲得紓解；又以陰柔居剛位，表示能夠自制得宜，因而无咎。初六爻變成歸妹（䷵），象徵內心的緩和與紓解，有了明確的目標可以依循。就好比女子有了歸宿，知道今後要如何安身立命。通常險難發生時，由於未來充滿難以預測的變數，不免令人驚慌失措。然而，解救工作一旦展開，大家便會心知肚明，今後的唯一途徑就是由亂入治。「解」的意思，是解決、解除、解開、解答、解脫、解散、化解。當然，必須盡力避免難分難解、大惑不解、不求甚解，甚至於百思而不得其解。

解 40

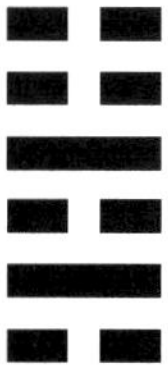

初六，无咎。

初六柔居剛位，九四剛居柔位，兩爻都不當位，然而彼此相應，象徵剛柔相接，可得其宜。初六為解卦首爻，表示蹇難已經獲得紓解。柔居剛位，則是自制得宜的表現，所以无咎。然而，若是無緣無故說出「无咎」的時候，我們就應該提高警覺：此時倘若不能自制，沒有立刻展開由亂入治的工作，恐有思慮不周、有所閃失的問題，那就不可能无咎了！初六爻變成歸妹卦，象徵有了明確的目標，好比女子有了歸宿，知道日後應當如何安身立命，可以无咎。

由亂入治必須思慮周全，以慎始為要。

二、以正義制勝奸邪才貞吉

解卦（䷧）彖（ㄊㄨㄢˋ）辭說：「解，險以動，動而免乎險，解。解，利西南，往得眾也；其來復吉，乃得中也；有攸往，夙吉，往有功也。天地解而雷雨作，雷雨作而百果草木皆甲坼（ㄔㄜˋ）。解之時大矣哉！」解卦坎下震上，由坎險與震動兩卦組成。「險以動」，表示身處險境而能奮動。藉由奮動以求解脫，可以避免陷入險難。「動而免乎險」，即為紓解險難，所以稱為「解」——第一個「解」是卦名，這一個「解」則為結論。接下來的「解」，指的是卦辭為什麼「利西南」的原因。險難在東北，由西南號召救難的同志，更容易獲得眾人的響應，所以說「往得眾」也。險難既經解除，就應該恢復原先的秩序，各自回歸原位，才是合理的處置。倘若餘險未息，有待支援，便要及早決定，及時施援，才能有功而吉祥。天地解除封閉而興起雷雨，各種果子草木得以萌芽生長，解的時機多麼重大，千萬不可等閒視之，以免耽誤時機而錯過黃金時間。

九二爻辭：「田獲三狐，得黃矢，貞吉。」小象說：「九二貞吉，得中道也。」「狐」指邪媚的野獸，「三狐」即三陰爻。解卦四陰二陽，九二與六五相應，象徵獲得六五信任，可以除去初六、六三、上六這些小人，有如在田中獵捕三狐。「黃」為中色，「矢」指直物。九二陽剛居下坎中位，又以一陽在初六與六三兩陰之中，象徵中直出矢，獵殺狐媚。九二的貞吉，來自中直的道理。爻變成豫卦（䷏），表示九二以陽居陰，原本失正，但由於剛直得合理，所以能夠去除潛伏的亂根。毫不猶豫地行動，帶來貞吉的悅豫。能守正，是獲吉的關鍵。

解 40

九二，田獲三狐，得黃矢，貞吉。

「狐」指邪媚的野獸，「三狐」即初六、六三、上六。解卦二陽四陰，九二與六五相應，象徵獲得六五的信任，可以除去其他三陰爻的障礙，有如在田中獵捕三狐。「黃」為中色，「矢」即直物。九二雖不當位，卻由於居下坎中爻，又在初六與六三兩陰爻之中，象徵剛正中直，所以貞吉，能夠順利捕獲三狐。九二爻變為豫卦，表示九二不當位，原本失正，但由於剛直得合理，能毫不猶豫地採取行動，因而貞吉。

由亂入治必須堅持以正義制勝奸邪。

三、小人凌駕君子之上必敗

解卦（䷧）大象說：「雷雨作，解；君子以赦過宥罪。」天地的氣，倘若開散交感而和暢，就會雷雨發作。這時候百果草木的種子外皮迸裂，蓓蕾怒發。彖辭所說的「甲坼」，「甲」就是草木初出土時的種皮，「坼」即裂開的聲音。君子看到這種自然現象，領悟出在適當時機赦免過失，寬宥罪惡，使其能重新做人的道理。現代稱為「特赦」，是一種相當重大的決定。

六三爻辭：「負且乘，致寇至，貞吝。」小象說：「負且乘，亦可醜也；自我致戎，又誰咎也？」「負」是背負重物，象徵負荷過重。六三陰柔不當位，居下坎的上爻，有如小人竊居高位。六三承九四而乘九二，所以說「負且乘」。解卦的第三爻，表示隱患並未完全解除。在這種情況下，小人身負重物而又乘車招搖過市，必然引起盜賊的注意。下卦為坎，〈說卦傳〉指出「坎為盜」。〈繫辭・上傳〉記載孔子所說：「作易者其知盜乎！易曰：『負且乘，致寇至』。負也者，小人之事也；乘也者，君子之器也。小人而乘君子之器，盜思奪之矣！上慢下暴，盜思伐之矣。慢藏誨盜，冶容誨淫。易曰：『負且乘，致寇至』，盜之招也。」孔子認為身負重物，原本是小人所做的事情，現在卻乘坐君子所用的交通工具，於是盜寇就想來奪取它了。六三爻變為恆卦（䷟），表示不能以平常心行事，上慢下暴，即使所為得正，只要招致盜寇前來，也是鄙吝的。小人竊居高位，固然十分醜惡，若是因此而招來盜寇，完全是自身失德，才會招致兵戎的險難，又能夠怪罪什麼人呢？這豈不是自作自受的惡果？怨天尤人也沒有用。

解 40 ䷧ 六三，負且乘，致寇至，貞吝。

六三不當位，居下坎上爻，好比小人竊居高位。承九四而乘九二，處於二陽之間，所以說「負且乘」。此時隱患尚未完全解除，因為六三仍在下坎究位。在這種情況下，小人身負重物又招搖過市，必然引起盜賊的注意。「致寇至」，便是六三自作自受的惡果。就算所為得正，只要招致盜賊前來，也就免不了鄙吝。六三爻變成恆卦，表示不能以恆常的平常心行事，才會有這樣的後果。

小人淩駕君子之上，必然招致惡果。

四．解救世難必須團結奮鬥

解卦（䷧）的主旨，不完全在排除困難，而是通過排患解難，以尋求一種安寧平和的情境。初六爻辭「无咎」，應該當做長遠的目標。任何措施，都必須顧慮周全，以求盡量減少後遺症。二、三兩爻分別以邪媚的「狐」和「小人」為譬喻，提醒我們肅清潛在的惡勢力，以免在排解險難之後，又再度造成禍患。四爻說明除惡務盡，五爻指出君子勢長，小人必然勢消。上六的重點，則是對抗邪惡必須採取斷然的手段。無論如何，都應該秉持正直合理的原則。

九四爻辭：「解而拇，朋至斯孚。」小象說：「解而拇，未當位也。」「而」為你，指九四。「拇」為足的大趾，指初六。九四與初六相應，所以說解開你的足大趾。九四與初六都不當位，是以不正來相應。九四陽爻象徵君子，初六陰柔代表小人，彼此陰陽相應，卻不能成為同志。解有切斷的意思，提示九四必須切斷和初六的關係，朋友才會到來，並且獲得大家的信任。「朋至」就是朋友到來，而「斯」字則是以信任相交接。九四爻變為師卦（䷆），象徵水在地下，必須有德者才能夠加以統率。「解而拇」可以看做九四與六三剛柔相接，與九二同類為朋，又與初六剛柔相應，對下以誠信與諸位朋友共事，同時又能接受六五的凌乘，全力支持，完成解道的使命。可惜九四陽居陰位，並不當位，這才以足大趾來譬喻，不免有一些惋惜。解救世難，必須團結奮鬥，就算不當位，有一些差錯，也不必計較。各人盡心盡力，除惡務盡，才是首要的共識。

解 40 ䷧

九四，解而拇，朋至斯孚。

「拇」即足的大趾，「解」為解開，「解而拇」是解開你（指九四）的足大趾，可以為解難出一份力量。為什麼要解開呢？由於九四與初六都不當位，卻彼此相應，所以爻辭才特別提醒九四，要能切斷和初六的關係，朋友才會到來。九四爻變為師卦，象徵水在地下，必須有德者才能夠加以統率。「解而拇」可以解釋為九四與六三剛柔相接，與九二同類為朋，又與初六剛柔相應，只要以誠信對下，共同接受六五的凌乘，必能完成解難的任務。

唯有團結一致，共同奮鬥，才能解除世難。

五。感化小人不思倖進為吉

〈雜卦傳〉指出：「解，緩也。」解卦（䷧）四陰二陽，陽得時而上升，並不受陰的拘束與阻撓。解道的精神，即在於陽脫於陰。換句話說，上震的動力便是九四，雖然並不當位，卻仍有向上解脫的能力。但是下坎的險難，倘若不能化解，那麼九四再向上，還是免不了要遭受內患的困擾。所以排除內患，責任就落在九二身上。九四、九二若非同心協力，解道實在難以完成。卦中六爻，都用柔而不用剛，用意就在緩解，以求无咎。全卦只有九二剛柔並用，得中道而貞吉，象徵險難紓緩，仍然要保持高度警覺，以防止內患復生、加劇。

六五爻辭：「君子維有解，吉，有孚于小人。」小象說：「君子有解，小人退也。」六五以陰居全卦正位，所以用君子來譬喻，並不稱王。解卦二陽四陰，六五和上六、六三、初六諸陰爻互相維繫，具有密切關係。六五柔中，能秉持中道，又與九二相應，但受到九四的震動，於是和上六、六三、初六脫鈎，獲得解脫。象徵六五君子雖然與小人有所維繫，卻能夠及時解脫，所以吉祥。「有孚于小人」，則是大象所說的「赦過宥罪」，以誠信感化小人，所以小人必將退走。六五爻變成困卦（䷮），象徵原本受到維繫的困苦，但由於秉持正道，因此得以脫困。對小人仍須以誠信感化，更能解除內患。六五所說的「君子有解」，是以小人遠退來印證，否則也很難解脫。倘若君子真的去邪勿疑，即使小人，也會相信君子有這樣的決斷，因而不存心求倖進，自然也就退避了。「有孚於小人」，用意即在斷絕小人攀龍附鳳的依附、維繫之心。

解 40 ䷧

六五，君子維有解，吉，有孚于小人。

六五不當位，難免與上六、六三、初六群陰互相維繫。幸好居上震中位，能秉持中道，又與九二相應，受到九四的震動，這才和上六、六三、初六脫鈎，獲得解脫。六五君子能夠及時解脫，所以吉祥。以誠信感化小人，因而小人退避，可收「遠小人」的功效。六五爻變成困卦，表示原本受到小人維繫的困苦，由於秉持中道而得以脫困。對小人誠信，才能達到感化效果，使其不存心求倖進。

以誠信感化小人，使其不思倖進，可收遠小人的功效。

六、解除邪惡悖逆拯救萬民

解卦（䷧）與蹇卦（䷦）互為綜卦，表示蹇困而解紓。若是無蹇，解何足貴；若是有解，則蹇不足憂。兩者互相推移，象徵天道循環。倘若各自發揮功效，也就人道不憂了。蹇上卦的坎，來而成為解的下卦，說明「雨自天來，雷從地出」。當解時天地不閉，陰陽交泰，雷雨交作。因此天地能成化育的功用，可見時機對解道的重要性。歷代解救萬民的聖賢，便是效法天地這種精神，抱持赦過宥罪的心態，來紓解萬民的苦難。然而，在這種救難過程中，往往都要付出很大的代價，必然有所損害，所以解卦之後，出現損卦（䷨），此乃理所當然。

上六爻辭：「公用射隼于高墉之上，獲之，无不利。」小象說：「公用射隼，以解悖也。」「公」指六五王公，「隼」即陰狠的鷹類，也就是剩餘的敗類。「墉」是城牆，「高墉之上」為高牆之上。六五王公用上六射除那些應該清除的內患，而上六藏器於身，待時而動，一箭射過去，必然能夠順利擒獲。這時外禍平、內患除，也就无不利了。上六爻變成未濟卦（䷿），象徵公用射隼，才能突破未定的格局。「悖」為悖逆，指初六、六三，上六協助六五解除悖逆邪惡，當然无不利。「公」也可以用來指上六，因為上六高而無位，以柔順當位而居全卦之終，表示動極解終的情勢，使上六有能力去除攀附依賴的小人。如此一來，內外俱安，又何患不平靜呢？這時候「隼」指的就是六三，因為「負且乘」，與上六不相應，表示目無尊長，又是下坎究位，陷險之極，有如凶狠的鷹。所幸上六精準，一箭命中，藉由震的奮動，而得以脫離坎險，萬民解難無悖，所以无不利。

解 40

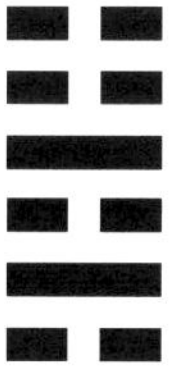

上六，公用射隼(ㄓㄨㄣˇ)于高墉(ㄩㄥ)之上，獲之，无不利。

「公」指六五，「隼(ㄓㄨㄣˇ)」即陰狠的鷹，用來譬喻剩餘的敗類。「高墉」是高牆，六五打算在高牆之上，射除那些應該清除的內患。上六當位，又居全卦究位，象徵藏器於身，待時而動，為六五所用，在高牆上射除那些敗類，無不箭發擒獲。上六爻變為未濟卦，象徵「公用射隼(ㄓㄨㄣˇ)」，才能突破未定的格局。倘若上六自認為高而無位，因此袖手旁觀，那就真的未濟了！

解除邪惡悖(ㄅㄟˋ)逆，無人可以置身事外。

我們的建議

1 解卦（䷧）在排患解難之外，還要追求安寧和平。處解之道，必須和緩柔順，最忌諱无事而求功。若是假借解救的美名，造成莫大的傷害，還不如不來解救。

2 全卦的難，集中於六三。以陰居內坎之上，暗含內部隱患的意思。也就是說：看不見的內患最為可怕，若非仔細明察，根本很難看得出來。而那些看不出來的隱患，往往比看得見的外患難除得多。因為大家對於看不見的敵人，最容易流於忽略。

3 全卦的主力在九二，剛柔並用到合理的程度，上可以全力支持六五，下能夠帶動初六和六三。最後解除蹇（ㄐㄧㄢˇ）難，脫離險境，可以說全賴九二之力。正道獲吉，所以說貞吉。

4 遇到危險時，應該想辦法脫險。而患難解除後，就應該恢復寧靜。這種階段性的合理調整，是大家應有的共識。此一時也，彼一時也。時一變，做法便要隨著改變。「解之時大矣哉」，患難之時與患難解除之時，當然不一樣！

5 禍患之所以產生，主要是綱紀法度錯亂所致。此時修復治道，使大家知所遵循，應該是治本的方法。對於過去違法亂紀的人，輕者赦免，重者寬釋，才能逐漸恢復穩定的社會秩序。

6 「解」字由角、刀、牛組成。用力分割牛角便是「解」——又要輕而易舉，又要不傷刀刃，是何等不容易！能夠在不知不覺當中，圓滿地達成任務，才是解道的高明之處。

《第十章》

家人睽蹇解

有何關聯？

家人卦是《易經》第三十七卦，
前有明夷卦，後為睽ㄎㄨㄟˊ卦、蹇ㄐㄧㄢˇ卦、解卦。

明夷象徵光明被陰暗的邪惡所隱蔽，
要改變這種狀況，必須先從家庭著手。

齊家是治國、平天下的基礎，
但即使親如家人，也有可能乖違失和。

倘若不能及時化解睽ㄎㄨㄟˊ的狀況，
必然就會步入蹇ㄐㄧㄢˇ的困境，使自己寸步難行。

於是蹇ㄐㄧㄢˇ到極點，大家困苦不堪，
唯有解道動於險外，才能化解此一危機。

最好的方法是在有所睽ㄎㄨㄟˊ違、乖離之際，
便立即設法化解，恢復家人之間的親和。

一、倫理始於家庭終於天下

孔子集大成，顯然也有一個過程。他在五十歲尚未「知天命」以前，是站在人道的立場看仁，把「仁」當做最高層次的自覺，視之為去除罪惡的萬靈丹。我們只要由個別的小我推而廣之，表現出人與人之間相互交感的大我精神，世界大同便指日可待。影響所及，中華民族特別重視家庭。至於老子「天地不仁」的說法，很多人則是難以接受。

「孝」是行「仁」的根本，所謂「百善孝為先」。這樣的想法，固然產生很多正面效果，卻也導致重家不重國，甚至於把國、天下，都當成我們家的。「家天下」的觀念，取代了「公天下」，歷時甚為長久。

孔子五十歲以後，體會出「人道」必須上通於「天道」，才能達到真正的「天人合一」。於是將「仁者二人」由小而大、由人而天，擴展到天地之道。「天地不仁」，表示自然是公正的，既不偏於人，也不偏於物。既然沒有厚薄的區分，便是大仁。所以說「不仁」是天道的本色，而「仁」則是人道的修養。儒道不分家，只是站在不同的立場來闡明易理，殊途而同歸。

人一生下來，最先接觸到的便是家人。倫理始於家庭，這是必然的現象，然後由家庭向外擴展到社會，致使各種關係都「家庭化」了——我們會稱老師為師「父」，自稱為徒「兒」；稱鄰里長者為「伯」，年紀相近的為「兄」。「四海之內，皆兄弟也」，由血緣的小家庭，推展到非血緣的社會大家庭，一直到平天下為止，都是以一家人的心情來彼此看待。但是，「為天下者不顧家」，則是極少數擔負天下責任的人物，所應具備的獨特修養。九五的胸懷，必須善為發揚。

家庭是倫理的起點

人一生下來，最先接觸到的便是家人。
家人之中，有夫婦、父子、兄弟的關係。
各有不同的名分，也各有不一樣的責任。
夫夫婦婦、父父子子、兄兄弟弟，
必須名分相符，分工合作，合力齊家。
倫理始於家庭，此乃必然的現象。

↓

由家庭向外擴展到社會，致使各種關係都家庭化了，
國家、天下一家。公司如家，老闆是大家長。

二、分家難免最好共生共榮

雖然人多好辦事，但是人多意見也多，這種一陰一陽同時出現的情況，是自然現象，恐怕很難加以避免。兄弟姐妹從小生活在一起，長大後則男婚女嫁，各自成家立業。在適當時機，由原本的大家庭中再分出小家庭，稱為「分家」。

同樣是分家，也有不一樣的性質。有自然的，也有人為的；有和諧的，也有強迫的。有分家之後，仍然維持原本一家人親密感情的；也有尚未分家，就已經鬧得雞犬不寧的。形形式式，不一而足。睽（ㄎㄨㄟˊ）卦下兌（ㄉㄨㄟˋ）上離，即在提出警告：一個屋簷下，倘若有兩位以上的女性，最好能夠和諧相處，才能安寧。就算分家，也不致從此不再往來。試問：因為彼此感情不睦才鬧分離的睽（ㄎㄨㄟˊ）象，是不是由女性主導的呢？關於這點，我們不便做出深入研究，即使硬著頭皮去做，結論也不可能明確。因此，我們只好用易象和易理做擋箭牌，說明下兌（ㄉㄨㄟˋ）為少女、上離為中女，彼此容易產生較量心態，導致互相嫉妒，造成反目的壓力，最後不得不從大家庭中分離出來。

現代人被「獨立」、「自由」、「隱私」等口號所煽動，為人子女者，往往尚未結婚，就有從家中搬出去住的念頭。為人父母者則是曲解「子孫自有子孫福」的意思，以「養兒不為防老」的高調，以及「老年要享清福」為藉口，乾脆把成年子女趕出家門。家不成家，當然談不上齊家。連自家都齊不了，還談什麼治國、平天下呢？因而乾脆面對現實，一切以發財為導向，有錢才相聚，沒錢便睽（ㄎㄨㄟˊ）違。人類社會，幾乎完全不明白睽（ㄎㄨㄟˊ）道的可貴。共生共榮成為口號，人人顯得唯利是圖。

家庭太大了，難免要分家

人多固然好辦事，但是人多意見也多。
基於種種緣故，難免要分家。
同樣是分家，有和諧的，實質上仍然是一家人；
也有不和諧的，彼此乖離、睽違、感情不睦。
現代人被「獨立」、「自由」、「隱私」等口號所煽動，
有錢才相聚，沒錢便睽違。

↓

最好的方式，即在重視睽道，
共生共榮，求同存異。

三、蹇道成為現代人的共業

生存難、找事難、做人難，好像什麼都難，這是現代人自作自受所造成的生活苦難。隨著科技發達、知識普及、資訊快速、交通方便，人類的生活應該是愈來愈幸福才對，為什麼天災人禍不斷，使人覺得愈來愈無常，愈來愈難料，而且愈來愈無助呢？這究竟是什麼原因造成的，值得我們重視。

是不是人類「分」得太厲害了？口頭上說得很好聽，要合作、要互助。實際上，卻只顧自己的利害得失，完全不管是非與善惡！眼睛只看得見山上有水的堰塞湖，卻不去理會見險而能止的蹇道。近幾百年來，把自己逼迫得進退兩難、寸步難行，竟然不知檢討、不求改善，依然埋頭苦幹，緊緊抓住現行的普世價值，維持現有的檢驗標準，豈不是坐困愁城，有寶貝卻不知及時加以善用嗎？

長久以來，幾乎每一個接受西化的東方國家，都在西方文化的衝擊下，產生十分快速且劇烈的社會變化，製造出許多難以化解的傷痛。西方世界對開發中國家所承受的痛苦和悲慘遭遇歷歷在目，卻沒有做出任何改變或提出援助。然而，我們也不能把責任向外推，因為沒有人會由於我們的抱怨而改變。最好的辦法仍然是反求諸己，把自己的文化從根救起！

蹇卦（䷦）大象說：「山上有水，蹇；君子以反身修德。」老是在原地打轉是行不通的，並不能突破現有的種種困難。自以為是的想法尤其可怕，每一個人都用自己的專業知識去尋思解決之道，勢必愈陷愈深而難以自拔。「蹇之時用大矣哉！」身為《易經》後代，居然不能發揮蹇道的時用，我們又能責怪誰呢？

「蹇ㄐㄧㄢˇ」字是「寒」字和「足」字的組合

寒冬時節，萬物呈現凋零、枯萎、枯縮的模樣。
不良於行的人，遭受寒氣的侵襲，
腿部血氣難通，當然畏縮而不敢前行。
此時最好能夠反省：為什麼把自己搞成這樣子呢？
可惜大家的習慣，都是先把責任推給他人，
只會怨天尤人，卻不能反求諸己。

↓

現代人尤其需要學習蹇ㄐㄧㄢˇ道，以期自我解救。

四、適時解難實為當今要務

所有的宗教，原本都是為了救苦救難、解救眾生而存在。然而現代的情況，則是正教抵擋不住邪教，自身難保。文化本來沒有好壞，是人自己誤解、扭曲了，這才造成各種弊端。譬如古埃及人在製作木乃伊時，去掉人體內的所有內臟，僅僅保存心臟，很可能就是以心臟象徵自性，提示後人勿忘心性修養。然而經過一代又一代不斷扭曲之後，才變成只重心臟而忽略了心性。我們看相，原本應該是要直接讀對方的心。但由於心實在太難讀了，不得不退而求其次，去看那些隨著心念而轉的相。但這樣的做法流傳久了，也就變成不讀心、專看相，以致心愈來愈不被重視，不知所云。

我們現代所面對的蹇（ㄐㄧㄢˇ）象，實際上是經年累月、長期累積而成的。如何解除？就要訴諸能夠化險為夷的解卦。解卦（䷧）坎下震上，象徵既打雷又下雨。在久旱不雨的苦難中，大家渴望降下甘霖，一旦雷雨交加，自然能夠解除險難。彖（ㄊㄨㄢˋ）辭說：「解，利西南，往得眾也；其來復吉，乃得中也；有攸往，夙吉，往有功也。」西南平坦易行，較易獲得眾人心。解卦（䷧）錯卦為家人卦（䷤），只要剛柔互易，恢復一家人的感情，不再互相責怪、彼此埋怨，也就合乎中道，可獲吉祥了。解道的要旨，即在撥亂反正。大象說：「君子以赦過宥（ㄧㄡˋ）罪。」有過失的赦免，有罪惡的寬恕，所要做的莫過於解放思想，端正觀念。其中最要緊的就是正本清源，早日恢復原有的智慧，而不是把自己困在現有的知識當中。二十一世紀易道的最大任務，就是透過不易的道理，來化解現有的險難，發揮「解之時大矣哉！」的功能。

二十一世紀易道的最大任務是透過不易的道理，來化解現有的險難。

人有好壞，民族性並沒有優劣。
文化原本沒有好壞，是人自己誤解、扭曲了，
這才使得文化產生種種弊端。
現代人所面對的蹇ㄐㄧㄢˇ象，
實際上是經年累月、長期累積而成的。
究竟要如何才能化險為夷？
解道提供了最為合理有效的途徑。

↓

適時解難，以恢復一家人的感情為上策。

五、教化重於教育才能奏效

「教」的意思是指導，誨人以善。用善良、美好的一面來引導，以增益其所不能，便是教育的意義與功能所在。而教化的意義，則是透過身教來感化，促使他人在不知不覺中自行改變。

人類有一種普遍的現象，那就是「知道、知道，但就是做不到」。教育的功能，在「知道」的方面比較大，而在「做到」的方面，卻相對要小得太多。現代人大都知道煙酒、毒品、檳榔、電磁波……會對身體構成傷害，但卻忍不住去吸食、服用和接觸。可見人們並非不知道，而是實在做不到！

教育的功能，遭受很大的質疑。教育的改革，卻是愈改愈不像樣。關於這點，也是大家都知道的事實，我們必須深一層省思，找出其根本原因為何？

其實，根本原因就在於習氣難改。留戀聲色場所、先消費後付款、吃到飽傷腸胃、注重外表虛偽裝飾、坐享其成、把責任向外推、亂開支票又死不認帳……關於上述種種不良習氣，哪一項不是從喜歡求新求變、滿足自己欲望所產生出來的？可惜我們一直到今天，仍然盲目強調「環境決定一切」、「老百姓最明白自己真正需要的東西是什麼」，在求新求變之外，還要加上自由、獨立，認為「管得最少的政府才是好政府」、「愛子女就不應該打罵」等等。長此以往，現有的惡習，究竟如何才能改得掉？

一旦善盡責任、願意為公眾服務的心，變質為喜歡聽到讚美、期待回收服務的功勞時，教育的功能也就破壞殆盡，再怎樣改革，也不過是形式，毫無實質功效可言。我們所寄望的，唯有早日發揮教化的力量，才能扭轉目前的局勢。

教化 重於 **教育**

教化

透過身教來感化，
促使他人在不知不覺中，
自己改變不良的習慣。
不但「知道」，
而且「做到」。
「知道」而且「做到」，
才是教化的效果。

教育

教是指導，誨人以善。
用善良、美好的一面，
來引導、啟發、教誨，
以增益其所不能。
教育的功能，
著重於「知道」，
卻不一定能夠「做到」。

必須從端正觀念著手，求知行合一。

六、道政合一必能振興中華

西方原本是講求政教合一的國家，但由於弊端叢生，便逐漸改為現行自由民主的政治。然而，在自由民主化之後，治安卻愈來愈亂，物價不斷高漲，人與人之間的距離愈來愈遠，青少年犯罪年齡逐年下降，婚姻狀況愈來愈不穩定。人民有了選票，卻喪失了更多的東西。有知識的人，憑藉專業來欺詐他人，使人愈來愈不敢相信任何的保證。最終導致人心惶惶，不知道該如何是好。

最好的方法，莫過於恢復古代的道政合一。政治是人類最為重要的事情，不必避諱「官本位」的必要性和重要性。只要從政人士能依道而行，順應自然規律與人倫道德來施行仁政，不管採用哪一種方式，應該都能收到教化的效果，為人民所歡迎，為國族造幸福。

道政合一，表示以自然大道來施行仁政。自然大道由《易經》發起，到了曾子寫《大學》時，已經把為政之道說得十分明白。三綱領為「明明德、親民、止於至善」。以「親民」為中心，「明明德」是為了要憑良心親民，「止於至善」則是尋找當時當地合理的親民措施。「親民」用現代話來說，便是「為人民服務」，這是施政者的共同目標，必須明確地加以落實。「學而優則仕」，表示「明明德」的功夫做得差不多了，有餘力可以為人民服務。「仕而優則學」，便是在為人民服務的過程中不斷學習，累積寶貴的經驗，可以由基層逐漸提升，強化服務的實力，擴大服務的範圍。由家人卦走到睽（ㄎㄨㄟˊ）卦、蹇（ㄐㄧㄢˇ）卦，已經使得現代人身受其害。如何善用解道，導正觀念，對現代人而言顯得格外重要。振興中華，目的在於拯救現代人類，大公無私，人人責無旁貸。

道政合一

政治是人道的第一要務，
政治不清明，其他事務都難以上軌道。
政治清明與否，端視合不合乎「道」的要求。
合乎道的要求，便成為王道政治，人民有福；
不合乎道的要求，即為霸道，人民受苦，無法長久。
道政合一，便是有道者當政，當政者合道，
以道領政，道是公的，所以大公而無私。

↓

中華道統道政合一，歷史上已有很多見證。

我們的建議

1 「修齊治平」，對一般人來說，似乎都只做到「齊家」為止，「治平」的工作則是推給別人。實際上，家庭是人群社會的基本構成單位，必須再向外擴展，在治平方面也能善盡棉薄之力，才是真正齊家的功效。由家開始，卻不受家的限制。

2 然而，當家庭出問題，產生睽違現象時，我們也不能藉口忙於公事，不用心面對家人的困境。雖然說「為天下者不顧家」，畢竟那只是極少數人的際遇，範圍並不大。

3 社會上有很多不正常現象，也是一種不容忽視的「天垂象」。各人應在各自的位置上，做出不同的貢獻，務使這些睽違所導致的蹇境，能夠及早得到解除。溝通協調、化解不平之鳴、消弭偏見，這些都是應該分工合作的事宜。

4 但是，在從事這些工作之前，最好能夠先建立起共識，以免各行其道，甚至假公濟私，趁機撈一些好處。務必抱持著一家人的心態，來從事這些工作，才不會變成幫倒忙。

5 家庭是合作的起點，但也可能成為分道揚鑣的場所。兄弟鬩牆，有時比朋友翻臉還可怕。「父子至親，不可以有隔夜仇」，這句話更是警示大家：父雖不父，子仍然不可以不子。

6 解放思想，主要在端正觀念，而不是胡思亂想、異想天開。因為觀念主宰我們的言行態度，對每一個人而言都至關重要。心想事成，觀念是出發點，務必要慎始。

結語

一男一女結為夫妻，是組成家庭的第一步。在婚姻關係的基礎下生兒育女，並由父母共同養育，產生深厚的親情，便邁入了家庭的第二步。有固定居所，可以長久居住其中，有充足糧食得以維生，又有齊家的共識，於是家庭基石便日趨堅固。

家人各自修身，是齊家的第一步。人人各守其位，各盡其責，相處融洽，便邁入第二步。夫妻互相敬重，彼此真誠合作，有情有義。父嚴母慈，子女孝敬，兄弟友愛，齊家的成果逐漸呈現，才能夠向外擴展，治國平天下。怎樣平？當然不能動用武力，而是要心平氣和，由人心的平，來獲取天下的平，此即為「天下太平」。

這樣簡單明白的道理，好像人人都知道，可惜太多人卻做不到。因為我們長久以來，心中只有《易經》和「十翼」，卻把河圖、洛書視同虛幻的神話。捨棄根本，枝幹的發展當然也就難以穩固持久。現在我們對河圖、洛書有了一些基本認識之後，再回頭來看家人卦，就能更加明白下離上巽，取象於中女和長女，象徵在一個屋簷下，由於六二和九五相應，顯示男（九五）主外而女（六二）主內。二女經常在家，比較容易產生磨擦，所以卦辭特別提示：「利女貞。」婦女在家相處和諧，行為合理，使男人在外工作得以放心。既無後顧之憂，自然能專心把工作做好。六二與六四，六二為下離（☲）主爻，六四為上巽（☴）主爻。婦女為一家之本，一家之內，先正婦女成為齊家的首要條件。同樣是二女四男，由於爻位變動，成為相綜的睽卦，下兌上離，象徵少女與中女背道而馳，彼此乖違，互不信任。這就告訴我們：同樣是二女同居，倘若和順相處，便是家人卦（䷤），心中有一家人的感覺，也產生一家人的感情。如果意見不同，愈來愈不和順，那就是睽卦（䷥），表面上是一家人，卻同床異夢、各懷鬼胎，根本沒有一家人的感情。把這兩卦合起來看，家人卦（䷤）六二、九五兩爻都當位，象徵內外俱正，所以家齊。睽卦（䷥）九二、六五內外皆乖，都不當位，因而分崩離析，造成形如水火的失和現象。再次證明「一陰一陽之謂道」，隨時都有可能產生不同的變化。〈序卦傳〉說：「家道窮必乖，故受之以睽。」睽了之後怎麼辦呢？難道要讓它持續惡化下去，到了寸步難行的程度才來設法化解嗎？我們從家人卦（䷤）綜睽（䷥）錯解（䷧）來看，就很容易明白解卦的卦辭，為什麼會說：「利西南，无所往，其來復吉，有攸往，夙吉。」這是因為西南為坤方，象徵廣大平易。坤「西南得朋」，表示家人和諧相處時，根本用不著去調解、緩和，因此「无所往」。然而，萬一家人相處有所錯亂，此時不宜拖延，也不能閃避，最好即時設法化解，使其恢復常態，當然「有所往」，也就是要有所作為才能吉祥。提前化解睽違，不就是「來復」？河圖、洛書都以「五」居中，象徵萬物皆出於中（土），而歸於中。坤居後天八卦的西南，為陰土，也就是河圖的「地十」，表示大自然的定律，是萬物會從不平衡、不穩定的狀態，自我調適到平衡、穩定的狀態。任何狀態，都是逐漸演變形成，我們只要能及早警覺，未雨綢繆，及時加以合理調整，使其合乎「中」的要求，那就「其來復吉」了。六十四卦的卦序，雖然逐一順序排列，但我們並不一定要按照卦序而行，這才是明智的抉擇。

《附錄》

從家人卦看家庭教育

一、天地萬物原本是一家人

《易經》總共六十四卦，都是由八個基本卦，也就是乾（☰）、坤（☷）、坎（☵）、離（☲）、震（☳）、巽（☴）、艮（☶）、兌（☱），兩兩重疊而成。我們說六十四卦就是八卦，便是依據這種實際情況而來。深一層看：乾、坤代表父母，震、坎、艮代表三子，巽、離、兌代表三女，共同組成的一個家庭。我們更可以擴大解釋為：《易經》六十四卦，象徵宇宙萬物，原本都是一家人。

現代有一門生態學，專門研究生物彼此之間的關係，以及生物與環境的關係，發現世間萬物確實都是互為依存、息息相關，並且依賴著大環境而生存的，這和《易經》的說法不謀而合。

所有的生物，實際上都是太陽的產品。太陽的熱能，經過一億五千萬公里遠的太空傳到地球，製造了生命。乾卦彖辭說：「大哉乾元，萬物資始，乃統天。」乾卦六爻純陽，象徵天體，以太陽為代表。它所散發的熱能，即為精神元氣，成為一切的根源，所以稱為「乾元」。萬物皆因熱能而生，擁有原始的生命，因此成為統率原始萬物的總根源。

光合作用是生物賴以生存的共同基礎。世界上每一處陽光照射得到的地方，只要有綠色植物，便得以持續不斷地進行光合作用。動物無法進行光合作用，所以便透過食用植物，或者吃掉那些草食性動物，來獲取生存所需的熱能。當動物死亡後，屍骸會被細菌和分解菌當做養分，抽取掉剩下來的熱能。而當細菌死去時，合成這些有機物的基本元素，就散佈到土壤、空氣和水中，提供植物再次吸收，然後藉由光合作用，又重新變成熱能的材料。像這樣持續不斷地循環，構成生生不息的一連串歷程，和《易經》始於乾坤，而終於既濟、未濟的卦序，也是十分符合。乾元的「資始」，和坤元的「資生」；乾元的「統天」，和坤元的「順承天」，在現代生態學中，已然充分體現。

家人卦（䷤）下離為火，上巽（ㄒㄩㄣˋ）為風，象徵火熾則風生、風動則火旺的關係，就像萬物互相依存那樣密切。此卦採用我們最為熟悉的「家人」來取名，應該十分貼切。由一家人的相處之道，逐漸擴展到宇宙萬物的共生生存，其道理是相通的。

二、家庭教育以情為主

現代倡導愛的教育，很容易引起誤解，認為父母的責任，在於給予子女充分的愛，以致不敢實施管教。我們從青少年的行為表現，不難明白「愛的教育」所造成的惡果，實在是非常嚴重。但是，很多人竟然不敢正視，更不敢加以檢討，還在高呼：「沒有問題青少年，只有青少年問題」，豈非自欺欺人、自誤誤人？如果說「愛的教育」是廿世紀人類的重大禍患之一，恐怕並不過分！我們當然不反對「愛的教育」，因為只要加上「合理」兩個字，便可以化解很多問題。「談情說愛」這四個字經常連在一起用，但中華民族比較善於「談情」，而西方人卻是喜歡「說愛」。「情」字從「心」，必須由內心湧現，也就是我們所說的「發自真心」；聲符採「青」旁，則象徵美好悅耳，令人心生喜悅。

「愛的教育」，往往有愛無情，後果十分可怕。而「情的教育」，其中必然含有合理的愛。有人喜歡用「有差等」來加以描述，實際上則是有次序，合乎倫理的要求。以情愛自己，以情愛家人，以情治國，乃至於以情平天下，以情對待萬物，層次分明，逐次推展，不應該說什麼「差等」。

情是人類與生俱來的，但如何發而中節，也就是表達得合理，那就需要借助後天的教育。「發乎情而止乎禮」的主張，便是「喜怒哀樂」都表達得恰到好處的理想人格。

《論語・陽貨篇》記載：宰我認為父母亡故，子女守喪三年似乎太久。他認為一年應該就可以了，所以提出來請教孔子。孔子反問他：「父母去世才一年，你便一切如常，更沒有哀戚的心情，你覺得心安嗎？」宰我回答：「安。」孔子說：「你若能心安，就這樣吧！」但是孔子仍然不贊成這樣的做法，感嘆地說：「宰我真是不仁！孩子生下來，滿三年才能脫離父母的懷抱，所以守喪三年，才是天下通行的道理。」現代人礙於種種現實因素，沒有條件可以守喪三年，那就另當別論。應不應該守喪三年，並不能因為做不到而加以否定。儒家重視孝悌，實際上不在於形式，不要求表面。孔子責罵宰我不仁，主要是因為他對父母無情，而不是守喪時間的長短。

現代人重禮，卻照樣無情，對中華文化的主軸，造成非常嚴重的扭曲和破壞。尤其是宋明理學，在這方面的把握，實在有回歸原點，重新加以釐清的必要性。〈序卦傳〉指出：「夷者，傷也。傷於外者，必反於家，故受之以家人。」大自然透過大魚吃小魚、小魚吃蝦米的循環作用，而得以生生不息。人類如果只知道以大欺小、恃強凌弱，憑什麼成為「萬物之靈」？又有什麼資格「贊天地之化育」呢？人類為了求生存，必須與外界接觸，但由於資源有限而需索無窮，難免遭受到挫折或傷害。這時候，家庭的溫暖、家人的親情，自然就會成為最安全可靠的保障與慰藉。骨肉至親，畢竟比各種關係都更為溫暖有情。

家庭中有夫婦、父子、兄弟的名分，表示同樣是愛，卻應該有不一樣的情；同樣有情，仍必須嚴守不一樣的限度。所以說：「禮是合理的情，情是合理的愛」，也唯有如此，才能使家成為人們最安全可靠的堅牢基石。先從家庭教育著手，做到「父父、子子、兄兄、弟弟、夫夫、婦婦」，然後再向外擴展，進而達成治國、平天下的目標，正家而天下定矣！這種正常人情的推展，便是家庭教育的重點所在。

三、慎終追遠是家庭教育的起點

曾子曰：「慎終追遠，民德歸厚矣！」（《論語‧學而篇》）。「慎終」是喪盡其哀，「追遠」為祭盡其敬。對親長的喪事，必定要謹慎。對祖先的祭祀，一定不能忘記。

祭祀當然不是迷信，而是惻隱之心的升華。孟子說：上古時有人將父母的屍體隨便丟棄，隔了一段時間，偶然經過棄屍的地方，看見動物在爭食，蟲子在吸吮，心中非常難過，以致不敢正眼觀看。回家後愈想愈悔恨，趕緊拿著鋤頭、鏟子，再到棄屍的場所，用泥土把屍體掩蓋起來，由此逐漸演變成為葬喪的儀式，並且由惻隱之心，提升為對先人的深情厚意。於是雖死猶生的「永生」形態，便延伸為祭祀祖先的心意。家人卦（䷤）的卦辭，只有簡單三個字：「利女貞」。下離上巽（ㄒㄩㄣˋ），均為一陰二陽的陰卦。下離以六二為正位，上巽（ㄒㄩㄣˋ）則以六四為主位，象徵家庭內外，皆以「女」得正位。女子為一家之本，務必先正其身，再正其家。唯有上下、內外皆正，才是真正的「利女貞」。因為婦女的性情，通常比男子柔順、寬厚而且清靜。俗語說：「妻賢夫禍少」，便是慈母和嚴父配合，夫剛健而妻柔順。家風和諧，能夠減少內外紛爭，禍患自然得以消亡。

家道的根本，在於不忘本源。祭祀的功能，即在教導子孫於父母亡故後，時常紀念，向後代宣揚美德，使祖先永遠存在於後代子孫的心中。另一種重大意義，則是當一個人知道並確信死後將會有子孫懷念、按時祭祀時，就可以大幅降低對死亡的憂懼。祖先崇拜，是中華文化的一大特色。對生者而言，成為家庭教育的重要活動。對亡者的尊重，也會激發生者的高度警惕：一是不能沒有後代，二是必須好好教養，三是自己要重視品德修養，以便能做為子孫代代相傳的楷模。「利女貞」的深層意義，在於自家女兒嫁到夫家以後，必須能夠尊重、適應，並且改善夫家的家風，使其得以持續發揚，不斷向善。同樣，他家的女子，娶進我們自家後，也應該尊重、適應、扶持，並且改善自家的家風。祭祀祖先並非僅限於心裡頭紀念祖先，還要進一步將祖先的嘉言懿行，向子孫講述、宣揚，教導子孫學習、仿傚，並且要做得更好。祖先崇拜原本就是教養子女的有效活動，從中可以培養出孝悌精神，避免產生不合禮俗的行為，造成社會不安。

由慎終追遠到孝悌的修養，不能用現代化、國際化做為藉口而捨棄，更不能徒然保留形式，卻喪失了原本應有的功能。祖先崇拜和子女教養的基本原則不能改變，但是在方法和態度上，仍然可以隨著時代變遷，做出合情合理的調整。

四、嚴君是一家之主的總稱

家人卦彖辭說：「家人，女正位乎內，男正位乎外。」六二以陰爻居偶位，又是下離的中爻，居中得正，所以說「女正位乎內」；九五以陽爻居奇位，同樣是上巽的中爻，果然「男正位乎外」，由此推演出「男主外，女主內」的說法，導致長期以來「重男輕女」的不正常觀念，對社會造成嚴重傷害。前面剛剛說明下離上巽都是陰卦，象徵女性，為什麼一下子變成男女的區分呢？原來，上巽的主爻是六四，而九五則是正位，相當於長女代父，象徵君位，所以彖辭接著說：「男女正，天地之大義也。家人有嚴君焉，父母之謂也。」《易經》說「天尊地卑」，並沒有「重男輕女」的意思，用意是在說明「男女有別」，各有不同的責任。家庭組織，必須有一主人，儼然國家的君王般，為一家大小所服從的家長，使家務齊一而不紛亂，稱為「齊家」。家人卦所說的父母，從卦象看，乾為天父，九五當位，用來指稱全家年齡最長的男性，可以是父親，或是父親的父親，也就是祖父。也可以是祖父的父親，稱為曾祖父。甚至於再往上推，為高曾祖父。坤為大母，六二當位，用以指稱母親、祖母、曾祖母、或高曾祖母。咸卦（䷞）和恆卦（䷟）所說的夫婦，指的是同一輩的夫妻。而家人卦下離為中女，上巽為長女，以二女合成。卦中的九五，可以為男性，也可以是女當男位，由全家中輩分最高的女性，來代理家長的職位。某些家庭，男性的尊輩亡故，可由伯父或叔父代理。倘若男女尊輩均已亡故，也可以由大嫂代居家長這一職位。凡是居於九五爻的，都稱為家長。不論男女，都應該視同父母，尊為嚴君，奉為一家之主。

若是拘泥於文字的表層意義，子女成家之後，有了自己的子女，便以家長自居，置健在的祖父、曾祖父於有位無權的虛位，還說什麼隔代教養，必然產生代溝，如此一來，勢必影響家風的傳承，使祭祀流於形式。三代同堂的功能喪失，祖父母尚在，而兄弟便急於分家，實在是大不孝！

三代同堂的家庭，逐漸演變為兩代相聚的小家庭，最遺憾的現象，莫過於嚴君不見了。父母溺愛的結果，使得子女都被寵壞了。有時祖父母看不過去，說一些比較嚴厲的話，竟然在小家庭中造成風波，認為長幼代溝嚴重，必須保持更為疏遠的距離。這樣缺乏「家有一老，如有一寶」觀念的家庭，勢必趨於淺薄、短見、粗俗，而喪失了家庭應有的教化功能。

家人卦彖辭接著說：「父父子子，兄兄弟弟、夫夫婦婦，而家道正。」明明是先有夫婦，然後才產生父子、兄弟，為什麼這裡卻把父父子子，排在最優先的位置呢？這是因為大多數男女，在結婚成家時，父母健在，也各有兄弟姐妹，在子女尚未出生之前，父子和兄弟的關係至關重要。這時候新婦入門不久，還不能適應，便貿然生兒育女，往往加劇父子、兄弟關係的惡化，對於家庭教育而言，當然十分不利。家庭之中，以父母為一家的君王，居於男女有別，所以分司內外，互相尊重，各自善盡自己應盡的責任。父母既正，子弟就應該各守本分，同樣克盡自己的責任。子女在交友、擇偶、婚嫁的過程中，必須及時向父母請示，而不是像現代年輕人那樣，只告知而不請示，甚至於事後才向父母報備。尚未成家，就已經鬧得大家不愉快，又怎麼能夠家道正呢？

彖辭最後指出：「正家而天下定矣！」依據「一陰一陽之謂道」的思路，最好再加上一句：「家不正，則天下難定矣！」家人卦由父子領先，表示上下兩代的關係，才是正家的基礎。而父子兩代的關係，則以「孝」為代表。「孝」這個字，象徵了「老」、「子」兩代的關係，所以將「老」和「子」兩字，合成一個「孝」字。我們常說「忠臣出於孝子之門」，又說「孝為百善之先」，便是說明家庭之中，若是父子兩代的關係不好，其它的關係似乎也就難以良好。擇偶時，先到對方家中走走，感覺一下對方家庭的孝道，應該是十分重要的關鍵。

家道正或不正？只要看「孝」和「悌」的表現如何，應該就可以明白。「孝」指對上的尊重與敬愛，「悌」是兄弟姐妹之間的友愛。家人卦所說的「父父子子，兄兄弟弟」，實際上指的就是「孝悌」的關係。

父慈子孝，真正的意思是父母慈愛而子女孝敬。「父」代表父母，擴展到歷代祖先；「子」代表子女，延續到後代子孫。慈愛包含嚴管勤教，而孝敬也含有婉轉勸說的部分。

家人卦大象說：「風自火出，家人。君子以言有物，而行有恆。」古聖先賢，看到風火互相依存，其關係密切，有如一家人，因而悟出君子在言語上必須切合實際而不流於虛妄，在行為上應該符合正常法則的重要性和必要性。此一體驗，在中國社會已長久且普遍地形成了「不孝有三，無後為大」的孝道首要觀念。不但說得具體明白，而且更被炎黃子孫奉為準則，勉力謹守奉行。

五、有後為孝的現代意義

「不孝有三，無後為大」的觀念，便是俗稱的「傳宗接代」，倘若調整得合理，實在有助於品德修養的提升。

首先，傳宗接代不必限於男性。男孩女孩一樣好，可以有很多變通方式，來化解「無後」的困擾。譬如兩個兒子，一從父姓，一從母姓，可以滿足兩家的需要。倘若只有女兒，照樣可以同時祭祀兩家的祖先，關係更加密切。

其次，把傳宗接代的功能，由生物性提升到道德性。不單純為了延續自家的香火，盡到祭祀的責任，而是把這種生物性的使命，提升為發揚祖先的社會、文化、道義性命，也就是弘揚家風。為了達成這樣的使命，父母必須盡力充實自己，然後才能妥為教養子女，完成如此艱鉅的重責大任。使原本似乎只求結婚生子的功能，增加了很多層面的內涵，至少對於全家人的品德修養，能帶來極大的助益。

還有，只有女兒，沒有兒子，甚至於子女全無的人，臨終時往往會感覺到自己快要滅絕了，心情至為悲傷。其實，我們可以提早預防這種情況的發生。一方面減少「只戀愛不結婚、只結婚不生育子女」的比率，一方面把「無後為大」當做一個重要課題，在現有狀況下，大家商量出一種安全可行的方式，來預為補救。人人皆以理智指導情感，把這件大事提前做好準備，對全家人的和諧認同、增進向心力等層面，也會產生很大的貢獻。

「無後」的範圍，不限於有形的子女，把它延伸到精神層面，將看不見的傳承不斷擴大，應該是現代人的合理詮釋，而不是情緒化地加以指責，徒然造成年輕人不重視婚姻、生育、教養的不良現象，使人口素質降低，社會風氣也因此而敗壞。

六、結語

家庭教育的重要性，大家都十分清楚，不幸卻有很多人，始終停留在「知道、知道，卻是做不到」的層次，很難向上提升。我們無意責怪父母，因為誰都沒有資格這樣做。若是被別人反問：「像你這樣的父母，合乎標準嗎？」大多數人應該都會面紅耳赤，無言以對。中國歷來只有《孝經》，並沒有《慈經》，原因即在於此。身為子女，回憶年少無知時對父母的種種不是，在不知不覺中，就會主動積極地提醒年輕人，一定要孝敬自己的父母。而在自己身為父母之後，更加能夠體會到為人父母的種種難處，此時反而不敢開口，告誡他人該怎樣才算是好父母！這次我們之所以藉由家人卦，來闡述家庭教育的重要性，便是希望避開自我標榜的嫌疑，尚懇大家多多包涵。

家人卦可以有很多種解釋，這是《易經》六十四卦所共同具有的特性，符合〈繫辭・下傳〉所說：「不可為典要，唯變所適」的道理，站在不同的角度，可以獲得不一樣的解說。家人卦下離上巽，睽卦下兌上離，都是二女同居的卦。家人卦上下同心，內外皆正；睽卦上下其志不同，各持異見。可見相同的條件，在不同的情境下，仍會產生不一樣的結果。同樣是一家人，由於家庭教育的不同，就會產生不一樣的結果。我們誠懇建議每一家庭，都能秉持反求諸己的心態，不要和別人家比，只同自己的過去比。想想以往，策劃未來，衡量時空的變化，做出合理的調整。把「一個屋簷下，難容兩個女人」，改變為「既然同在一個屋簷下，同樣身為女性，就要共同記取『利女貞』的啟示，把家庭打理好」，能夠如此，相信全家人就有福了。

一日
易經
道德經
班
6小時 師父領進門教你
如何讀懂《易經》／《道德經》
向古聖先賢請益，
學會知機應變、與時俱進；
物我兩忘、生死合一的上乘智慧！
每月均有
新班開課
曾仕強文化
電話：02-23611379
02-23120050
傳真：02-23752763

生死無憂而無懼。
曾仕強
通就是宇宙真理。
曾仕強
解開宇宙的密碼。
曾仕強

影響華人世界
最重要的推手
曾仕強教授
解讀易經的奧祕
易經真的很容易
易經的乾坤大門
書籍洽詢專線
02-23611379、02-23120050
曾仕強文化
台灣國寶級大師曾仕強教授以獨步全球的易學解析觀點，幫助讀者輕鬆掌握《易經》簡易、變易、不易的原則，積極管理變化萬千的人生。

精選課程系列

「曾仕強文化」獨家設計開創的經典課程

《易經》其大無外，其小無內；廣大精微，無所不包，64卦384爻4096種變化，是解開宇宙人生的終極密碼。能打造出一個內建《易經》智慧的大腦，等於是和宇宙能量接軌，取之不盡，用之不竭，絕對是您今生最睿智的投資。

古人有言：富不學，富不長；窮不學，窮不盡。人不能不學習，既然要學，就要學最上乘的智慧，才不會浪費時間。曾仕強文化擁有最優秀的黃金師資陣容，課程深入淺出，一點就通。誠摯邀請您即刻啟動學習，一同進入「易想天開」的人生新境界！

決策易

《易經》一卦六爻，代表事情發展、變化的六個階段，可做為決策時的良好參考。不讀《易經》，難以培養抉擇力，這部千古奇書可謂「中國式決策學」的帝王經典。

生活易

《易經》帶給我們的不只是理論，更是一種思考方式的訓練。「生活易」教你如何輕鬆汲取易理智慧，開發多元思考方式，發揮創意解決問題，讓生活過得更簡易更有樂趣。

奇門易

奇門易在於瞭解事情的癥結點，進而佈局調理、擇時辨方。占卜及《易經》，能提供決策時的最佳參考指南；而「奇門易」，能告訴你做這個決策最有利的時機及方位，具有相輔相成的效果。

乾坤易

《易經・繫辭傳》說：「乾知大始，坤作成物。」告訴我們：「乾」代表開創的功能。腦袋裡有想法，對事情有看法，這是一件事情的開始；「坤」代表執行的功能。經過實踐的過程，把一件事情落實，而且看到了具體的結果。

中國式管理之父・台灣國寶級大師
兩岸三地狂銷500萬本《易經的奧祕》作者
曾仕強文化
粉絲專頁
facebook 搜尋 曾仕強文化
facebook
請以手機掃描上方QR CODE
可連結至學友專屬LINE帳號
曾仕強文化公司
・易經學習日記專欄・
請上FB曾仕強文化粉絲專頁，一同交流分享易經學習心得。